LE DIVAN
ET LE PROLÉTAIRE

Psychanalyse

Du même auteur

L'Adultère, Casterman, 1970
Vers la société érotique, Grasset, 1971
Freud, Temps Actuels (EFR), 1976
Sexualité et féminité, Éditions sociales, 1974
Le métier de père, Casterman, 1979

ISBN 2-209-05841-4

Bernard Muldworf

LE DIVAN ET LE PROLÉTAIRE

Messidor/Éditions sociales

INTRODUCTION

Lecture, mode d'emploi

Qu'est-ce qui distingue un psychanalyste de culture marxiste de ses autres collègues ? Quels sont ses centres d'intérêts, quelles sont ses préoccupations ? C'est à ces questions que tente de répondre le présent ouvrage. Les textes qui le constituent sont pour la plupart rassemblés par ordre chronologique, pour situer les jalons d'une recherche. Certains sont datés, marqués par la conjoncture ou une intention polémique. On remarquera quelques répétitions, qui témoignent des tâtonnements, des hésitations, liés à la mise en place d'une problématique.

Un psychanalyste, de formation marxiste ou pas, pense d'abord à ses patients : il a des préoccupations techniques et cliniques et, selon son mode d'approche de la psychanalyse, il les met en théorie. Il en a besoin pour conduire sa pratique, il lui faut faire appel à ce que Freud désigne sous le nom de « *métapsychologie* » pour tenter de réaliser l'unité de la théorie et de la pratique. Il n'y a pas de pratique sans théorie, sauf à rester au niveau d'un empirisme à la petite semaine.

Cependant, la psychanalyse se caractérise par un *écart* théorico-pratique qui peut permettre à la pratique une vie relativement autonome, pourvu que celle-ci soit guidée par une *théorie de la technique*. Il n'est pas sûr que le psychanalyste de « culture marxiste » soit mieux armé que ses pairs pour pallier cette *instabilité* épistémologique constitutive de la théorie psychanalytique.

Marx est mort, dit-on. Freud ne se porte guère mieux. Cependant, la crise actuelle du monde capitaliste fait se vérifier dans la chair de millions d'hommes les vérités de l'analyse marxiste, et la culture contemporaine est complètement imprégnée par la psychanalyse. Voilà deux morts qui se portent bien ! Marxisme et psychanalyse se présentent comme des théories du changement : changement au niveau social pour l'un, changement au niveau individuel pour l'autre. C'est, paradoxalement, dans le moment même où le monde est en pleins bouleversements, où la crise socio-économique se double d'une crise des valeurs, où les groupes sociaux et les êtres humains sont en quête d'identité, où la nécessité du changement apparaît au plus aigu de son tranchant, que quelques penseurs essoufflés crient « Marx est mort », « Freud est mort », comme pour mieux se rassurer.

Il ne suffit pas de chasser les fantômes pour être tranquille. Le jour se lève, et l'exigence d'un monde nouveau, de nouveaux rapports sociaux et humains se fait de plus en plus forte. Dans cette lutte du nouveau contre l'ancien, les communistes sont en première ligne, non par on ne sait quelle vocation surnaturelle, mais parce que leurs instruments d'investigation et d'analyse leur permettent de percevoir les lignes de fractures et d'assumer le changement. Ils sont les artisans qui font tourner la « roue de l'histoire » et le changement ne leur fait pas peur.

Aussi, la question que se pose un psychanalyste de culture marxiste est la suivante : une théorie du changement social peut-elle intégrer et s'enrichir d'une théorie du changement individuel, pour affiner sa démarche et renforcer son efficacité. Par ailleurs, à quel niveau et dans quelles conditions peut s'effectuer cette articulation, sans tomber dans ce monstre épistémologique qu'est le freudo-marxisme qui, à sa façon, maladroite et dévoyée, cherche à apporter une réponse à ce genre de question ?

On aura compris que ces interrogations sont essentiellement *politiques*. L'erreur du freudo-marxisme, c'est de vouloir combiner deux niveaux d'approche complètement différents : le *marxisme,* qui se dédouble en une philosophie, le *matérialisme dialectique,* et la science de l'histoire et du mouvement des sociétés représentée par le *matérialisme historique,* d'une part ; et d'autre part, la psychanalyse, science d'un continent récemment découvert, c'est-à-dire « *science de l'inconscient* ». La question reste posée de la place de la psychanalyse *dans* le matérialisme historique, au niveau d'une théorie de l'idéologie.

Le psychanalyste de culture marxiste s'interroge donc sur la politique. Les différents textes rassemblés : *le transfert, l'idéologie, la biographie, G. Politzer, le désir, l'hypnose,* peuvent être lus séparément. Leur unité interne s'articule autour de préoccupations politiques, notamment autour des problèmes du *militantisme.* Cependant, on a cherché à leur donner une certaine homogénéité en fonction d'un dénominateur commun. Ainsi, le texte sur le transfert et celui sur l'idéologie sont rangés sous la rubrique commune *Vie affective et politique :* ce titre est à lui seul un programme. Les textes sur la biographie et sur G. Politzer sont rangés sous la rubrique *Biographie et roman familial,* pour affiner la notion de biographie par une approche psychanalytique. Enfin les textes sur le désir et sur l'hypnose sont rangés sous la rubrique *Désir et croyance* étant donné que le problème de la « croyance » nous semble actif dans le domaine de la thérapie et de l'hypnose et il n'est pas sans intervenir au niveau de l'activité militante.

Telles sont donc les préoccupations d'un psychanalyste de formation marxiste. Il cherche, par-delà le divan et le fauteuil, à aller vers le monde des hommes au travail. Il y rencontre les antagonismes sociaux. Alors il change de casquette et devient un *militant.* Une dernière, et fondamentale, interrogation se pose alors à lui : peut-on, impunément, jongler avec les casquettes, notamment celles de psychanalyste et de militant ? La dernière partie de cet ouvrage cherchera à approfondir et à élucider cette problématique. La première partie, en tant que « présentation », s'est proposée selon une volonté *pédagogique* de préparer la lecture et l'assimilation des textes qui constituent le cœur de l'ouvrage.

Nous souhaitons au lecteur que cette rencontre avec nos préoccupations soit pour lui source d'enrichissement et de réflexions. Il y trouvera plus de questions à se poser que de solutions à ses problèmes : bien savoir poser les questions est plus fécond que de résoudre les problèmes, dit-on parfois. Nous invitons le lecteur à nous suivre dans notre questionnement permanent : c'est un voyage inconfortable, au fond de soi-même, où tout reste encore à découvrir.

Avril 1986.

PREMIÈRE PARTIE

Présentation

Défense et illustration de la psychanalyse

A quoi sert la psychanalyse ? Commençons par quelques idées simples. La psychanalyse est avant tout une *pratique,* qui se propose par une procédure particulière de promouvoir des changements dans l'économie psychologique et affective d'un sujet. Les processus psychologiques ainsi mis en évolution vont, par ce même mouvement, aboutir éventuellement à la suppression de ce qu'on appelle « les symptômes ». C'est ce qui fait dire à certains que « la guérison vient de surcroît ». Cette formulation cherche à démarquer la psychanlyse des autres psychothérapies, dont la visée médicale et thérapeutique est plus explicite.

Cependant, la psychanalyse *est* une psychothérapie. En même temps, elle est autre chose et plus qu'un simple traitement psychologique. Elle a des ambitions anthropologiques : nous les retrouverons plus loin. Mais en tant qu'entreprise de transformation psychique, elle réalise une *expérience existentielle* singulière, qui met en jeu toute la personnalité du patient, dans ses ressources les plus profondes. Cette mise au jour de l'histoire du sujet, dans ses aspects subjectifs et objectifs, fantasmatiques et réels, imaginaires et concrets, marque la radicale discontinuité de la psychanalyse par rapport aux autres psychothérapies.

En effet, sur le terrain de la psychothérapie, la psychanalyse rencontre beaucoup de concurrence ; toutefois en tant qu'aventure existentielle, elle est unique en son genre. D'autres méthodes de traitements psychothérapiques existent. La psychothérapie est vieille comme le monde, aussi vieille que la souffrance, physique et morale. L'effet bienfaisant de la parole, de l'écoute bienveillante sont connus depuis toujours. Mais cela ne suffit pas à constituer une thérapeutique. Il faut une technique, un dispositif spécial, le tout appuyé sur une théorie.

Toutes les psychothérapies ont leur petit bricolage théorique sur quoi étayer leur pratique. Aucune n'a l'envergure anthropologique et la profondeur humaine de la psychanalise, ainsi que sa cohérence et rigueur théoriques. Toutes cependant lui empruntent quelques-unes de ses données, tant est forte son imprégnation culturelle.

Un grand nombre de techniques

Il est intéressant de souligner le développement, la diversité et le nombre des techniques psychothérapiques autres que la psychanalyse. On a affaire à une demande directement liée au malaise moral suscité par la crise actuelle. La demande de psychanalyse est relativement différente. On sait que ce sera long, difficile, qu'il faudra se soumettre à une astreinte rigoureuse, sans compter les problèmes d'argent. Les techniques contemporaines prétendent court-circuiter le temps, notamment celles qui utilisent des méthodes d'expression corporelle.

C'est la durée d'une psychanalyse, ou des psychothérapies qui s'en inspirent, qui fait rechercher des techniques visant à gommer les symptômes, sans mettre en cause la personnalité, ou ce qu'on appelle la « structure » psychologique. Il en est ainsi des *techniques comportemen-*

tales, dont la base est le déconditionnement et le reconditionnement. De même type sont certaines *sexothérapies,* dont certaines autres sont d'orientation plus nettement psychanalytiques.

Ainsi, la diversité des psychotérapies est innombrable. Le mal de vivre est aujourd'hui plus important, plus diffus. Ses manifestations sont multiples et également diverses. La crise actuelle, non seulement crise économique et sociale, mais également crise culturelle, crise de civilisation, remet en cause les systèmes de valeur, les formes d'identité, les modalités relationnelles dans le couple et la famille.

Le chômage, indépendamment de ses conséquences matérielles et morales douloureuses, fait se dévaloriser la notion de travail. La fonction structurante du travail ne doit pas être méconnue ; la crainte de la perte de l'emploi est non seulement liée à ses conséquences matérielles, évidentes, mais elle témoigne également de la perception confuse du lieu de travail comme lieu de rencontres et de socialisation.

Ainsi, la crise développe le mal de vivre dans tous ses aspects. En même temps, elle fait apparaître des aspirations nouvelles. Contradictoirement, elle augmente les sources d'anxiété et la moindre tolérance à cette anxiété. En même temps que le mal-vivre s'étend, le désir de mieux-être, « d'être mieux dans sa peau » se développe. Il y a ainsi une extrême diversité de demandes, à laquelle répond la grande diversité et la multitude des thérapies.

L'unité de la dimension relationnelle

Malgré leur diversité, toutes les psychothérapies ont une dimension commune, la *dimension relationnelle.* Celle-ci est explicite et fonctionnellement exploitée dans la psychanalyse et les psychothérapies d'inspiration psychanalytique. Elle reste sous-jacente et implicite, mais nécessairement active, dans les autres psychothérapies, même si elle est recouverte et cachée par les aspects « techniques ».

La dimension relationnelle est constitutive de toute psychothérapie, dans la mesure où elle met en présence deux êtres qui échangent des paroles, non pas des paroles vides ou neutres, mais des *paroles chargées d'affectivité*. C'est cet échange de paroles chargées d'affectivité que la psychanalyse met au principe de son action. Elle prend au sérieux, si l'on peut dire, le fait que la relation entre deux êtres est nécessairement marquée par l'affectivité, et que cette affectivité est le *carburant relationnel* principal.

Mais la psychanalyse va plus loin dans cette logique des effets de l'affectivité. Elle cherche à réaliser une situation expérimentale ou l'affectivité se déroule dans son développement historique, en privilégiant les périodes où se constituent les moments actifs de cette vie affective, notamment la petite enfance. « L'enfant est le père de l'homme », tel pourrait être l'adage de la psychanalyse en première approximation, car nous verrons que « l'enfance » de la vie affective et « l'enfance de la personnalité », ce n'est pas une seule et même chose. Il faut distinguer entre « l'enfance » et « l'infantile », et cela méritera quelques développements.

Pour l'instant, restons-en à cette idée de dimension relationnelle. Dans les apprentissages, on l'a vu, l'aspect relationnel est recouvert par les procédés techniques. De la même façon, dans l'éducation et la transmission des connaissances, c'est le contenu des connaissances qui prévaut.

Beaucoup de psychothérapies ont ainsi un caractère *mixte*, pédagogique et relationnel à la fois. Seule la psychothérapie psychanalytique fonctionne « à la relation », à l'état pur, en quelque sorte. Ce n'est pas sans conséquences.

Privilégier la relation, c'est prévilégier *l'échange affectif*, c est partir du postulat qu'il se produit dans la situation psychothérapique des « événements constitutifs de l'histoire du patient. Il faut que la relation psychothérapique crée une situation qui permette cette émergence du passé, pour la restituer au sujet et constituer ainsi sa *vérité*. La situation psychothérapique doit être en quelque sorte « correctrice », comme si le patient souffrait d'une mauvaise « digestion » du passé, et qu'il s'agissait de le réélaborer pour le rendre plus assimilable et éliminer ses éléments traumatisants.

La méthode cathartique

Cette « digestion-purgation » était réalisée autrefois par la *méthode cathartique,* mise au point par Freud et Breuer, avant que Freud ne l'ait abandonnée au profit de la « psycho-analyse ». Elle consistait à faire revivre au patient sous *hypnose,* sous la forme d'une décharge affective et émotionnelle violente, l'événement traumatisant qui était à l'origine des symptômes névrotiques. C'est ce que cherchent à réaliser les méthodes néo-cathartiques contemporaines : bio-énergie, végéto-thérapie, cri primal, etc., qui par le moyen d'expressions corporelles font une sorte de « forcing » aux affects et aux émotions, pour éliminer l'aspect soi-disant trop intellectualiste et rationnalisant de l'échange de paroles.

Or toute psychothérapie passe par le *double registre* de la parole et de l'affectivité ; il faut des processus d'élaboration très complexes et la durée nécessaire à cette réélaboration pour opérer les changements dans l'économie psychique du sujet.

La psychanalyse prend en charge cette dualité contradictoire de l'affectif et de l'intellectuel, par le dispositif opérationnel qu'elle met en place et par l'utilisation dynamisante et mutative de l'*interprétation.*

Le divan n'est pas simplement le reliquat de la méthode hypno-suggestive. Le fauteuil derrière le divan et le thérapeute dérobé à la vue du patient n'est pas, comme on le dit parfois, une sorte de fantaisie de Freud qui n'aimait pas qu'on lise ses émotions sur son visage. La solitude du patient face à l'émergence de son imaginaire est une nécessité structurelle. Le patient parle à un interlocuteur imaginaire qui condense et concentre tous les interlocuteurs qui ont scandé les moments décisifs de sa vie affective.

C'est le dispositif analytique qui permet le discours libre, « les libres associations » comme on dit, alors que la situation de « face à face » — dans une psychothérapie — favorise au contraire un discours plus construit et plus rationnel. Il s'agit de permettre, comme une « fusion » progressive de la psyché, une déconstruction de ses linéaments, qui rende possible comme une reconstruction bribe par bribe, par le fait des interventions particulières du thérapeute. La méthode hypno-suggestive — ancêtre de la psychanalyse — pouvait être efficace sur les névroses traumatiques . névroses de guerre, état névrotique ou ensemble de symptômes consécutif à un accident, etc. C'est le gommage des symptômes par la suggestion, dans l'état — encore mystérieux et difficile à élucider — réalisé par la situation hypnotique.

Dans la méthode cathartique, c'est la reviviscence avec décharge émotionnelle et affective de l'événement traumatisant — un bombardement, un accident de voiture, etc. — qui permet la « redigestion » de l'événement et l'émoussement de son impact traumatique. Or, la vie psychique, habituellement, sauf cas particulier, n'est pas faite d'événéments à caractère traumatisant massif. On peut dire qu'elle est au contraire constituée de *« microtraumatismes »* liés à des moments clefs du développement psycho-affectif Ce sont ces microtraumatismes qu'il faut évacuer par la thérapie. La psychanalyse réalise une espèce de catharsis au long cours, au ralenti, qui reprend dans son mouvement pour les reconstituer les moments clefs du développement psycho-affectif. Ainsi est postulée l'existence d'*étapes,* de *phases,* de *stades,* dans le développement psycho-affectif du sujet.

L'étude de la psycho-sexualité

Mais la psychanalyse n'est pas une psychologie génétique comme celle de Wallon ou de Piaget. Elle est tout autre chose, car le processus de développement dont elle s'occupe est tout à fait spécifique : il s'agit de la *psycho-sexualité.*

La psychanalyse lie étroitement *vie affective et sexualité,* comme si l'une plongeait dans l'autre ses racines pour y puiser son énergie. L'un des postulats les plus fondamentaux de la psychanalyse, c'est justement celui de l'existence d'une énergie spécifique de la vie sexuelle, la *libido,* énergie liée à la *recherche du plaisir* constitutive de la sexualité, et dont la psychanalyse décrit et élucide les avatars.

C'est la vie sexuelle qui est au centre des intérêts théoriques et pratiques de la psychanalyse. Mais non pas la sexualité comme *fonction,* telle que la sexologie peut en traiter les insuffisances ou les difficultés, mais la sexualité comme dimension structurelle et structurante de l'existence humaine et de la subjectivité. La sexualité n'est pas seulement fonction (de reproduction), elle est aussi *relation,* non seulement entre deux corps ; mais également *relation intersubjective.*

La psychologie traditionnelle, quels que soient ses mérites, est une psychologie asexuée. C'est la psychanalyse qui prend en charge, au niveau psychologique, le fait fondamental de l'existence chez l'espèce humaine, comme chez les autres espèces animales, de *deux sexes opposés,* féminin et masculin, mâle et femelle.

Cette situation emporte une double conséquence au niveau de la vie psychologique : l'enracinement de la vie affective dans la sexualité, le *développement subjectif* de la vie sexuelle dans la dimension du *désir.* Ainsi, l'examen empirique d'une psychothérapie psychanalytique nous mène loin ; aux confins de l'émergence de la subjectivité à partir de la subversion d'une fonction à finalité d'apparence biologique comme la sexualité. La psychanalyse a donc affaire avec la sexualité, comme source de l'énergie de la vie affective et comme fondatrice de l'existence du désir.

Ce qui peut apparaître ici commme déduction théorique a été découvert par Freud dans sa pratique thérapeutique. C'est la forme d'organisation des symptômes névrotiques rapportée à l'histoire du patient qui l'a amenée à penser le symptôme comme forme de *déguisement d'un conflit* au sein de la sexualité.

La sexualité est *constitutivement conflictuelle,* d'une part parce qu'elle marque l'existence de la biologie au sein de la subjectivité, d'autre part parce qu'elle est assujettie aux règles et aux lois de la vie en société. C'est ce caractère mixte de la sexualité, *naturelle et sociale* à la fois, que la psychanalyse prend en charge. Elle met ainsi en œuvre tout un appareil conceptuel qui peut rendre compte de cette *contradiction* et en assumer toutes les conséquences.

C'est d'abord la pratique analytique qui nécessite la mise en œuvre d'outils conceptuels qui permettent d'en organiser le mouvement. Le postulat de base consiste en ceci que le *discours du patient n'est pas neutre.* Il s'adresse à un interlocuteur privilégié, dans un lieu particulier, à un moment précis : c'est le *ici* et *maintenant* du discours qui l'imprègne de sens, qui le leste de significations. Le silence du thérapeute n'est pas pure convention, encore moins méchanceté concertée ! Il est effectivement *frustrant,* comme on dit, et cette frustration vise à induire une *régression* que le dispositif analytique — divan, position allongée, etc. — cherche à faciliter. C'est la régression qui met au jour des demandes de plus en plus anachroniques, corrélatives de désirs tout aussi anachroniques.

La notion de *développement libidinal* permet de mettre en relief l'idée d'une *historicité des désirs* et de phases clefs dans leur apparition. Le concept central en l'occurrence est celui de *sexualité infantile.* Il met en lumière l'idée fondamentale en psychanalyse d'une sexualité dont le développement est contemporain de celui du psychisme, amenant à une conception élargie de la sexualité, dont la sexualité génitale, qui apparaît à la puberté est en quelque sorte l'aboutissement.

La notion de développement libidinal introduit la notion de « *phases* », ou de « *stades* », qui sont les moments décisifs de constitution de la sexualité infantile. Celle-ci opère par *étayage*, c'est-à-dire qu'elle utilise une fonction d'autoconservation pour lui adjoindre parallèlement une recherche de plaisir. La faim donne lieu ainsi à la phase *orale*, la maîtrise sphinctérienne à la phase *sadique-anale*, etc., chaque fonction vitale pouvant occasionner une *prise de plaisir*.

Le rôle de l'analyste

Dans le mouvement de régression de la cure analytique, les désirs correspondants peuvent apparaître, enfouis dans les méandres du discours du patient. C'est le rôle du praticien de les débusquer et de les donner à connaître à son interlocuteur. Le discours du patient n'est effectivement pas neutre. Il s'adresse à un interlocuteur privilégié qui concentre toutes les figures qui ont présidé au développement de sa vie affective et de sa subjectivité.

Cette concentration d'affects particuliers sur le praticien, ce *déplacement* d'investissements affectifs au bénéfice du praticien, c'est ce qu'on appelle le *transfert*. Le transfert est le moteur de la cure analytique comme il est le moteur de toute psychothérapie. Ainsi peut s'effectuer une sorte de « rééducation relationnelle » qui sera au principe de l'*effet psychothérapique*. C'est l'existence du transfert qui permet de comprendre comment la mobilisation affective et émotionnelle suscitée par la situation psychothérapique permet à la *parole interprétative* d'agir.

L'interprétation est *mutative* quand elle produit un changement dans l'économie affective du patient, en pointant un désir dont elle lui fait reconnaître le caractère anachronique. Ce n'est pas l'intervention intellectuelle qui provoque le changement, c'est le *vécu transférentiel* opéré et élucidé par cette intervention.

Alors que dans l'ancienne méthode cathartique le traumatisme psychique était revécu sous hypnose avec une forte décharge affective et émotionnelle, dans la psychanalyse ce sont les « microtraumatismes » liés à l'intégration des diverses phases de la sexualité infantile qui sont métabolisés dans le vécu transférentiel. L'attitude dite de « neutralité bienveillante » du praticien vise à éviter tout effet de suggestion. Mais il n'est pas sûr que celle-ci soit entièrement éliminée lors de ses interventions. L'effet de cette intervention est complexe. Il peut tout aussi bien produire une « prise de conscience », un mouvement d'élucidation qui clarifie un moment important de l'histoire du sujet, qu'il peut être source d'une gratification, en contraste avec l'effet frustrant du silence du praticien. Cette gratification peut par son propre mouvement avoir un effet de déculpabilisation.

La *culpabilité,* en effet, est un élement important et traumatisant de la vie psychologique. Elle est une des sources principales de l'*angoisse.* La culpabilité est liée aux mouvements profonds de la vie affective en rapport avec les différentes étapes de l'éducation. Le petit enfant doit subir à chacune des étapes de son développement une éducation qui le fera rentrer progressivement dans le cadre des règles de la vie sociale. La prise d'aliments, les excrétions, la présence ou l'absence de la mère ou de la nourricière sont scandés par les nécessités de la socialisation. Cette organisation de sa vie réalise autant de barrières à l'agitation sauvage qui l'anime, issue des forces profondes de sa vie biologique.

Si on a à l'esprit que les différents besoins biologiques *donnent appui et naissance* aux diverses phases de la sexualité infantile, on peut en déduire que parallèlement aux apprentissages quotidiens se fait l'organisation de la sexualité infantile. Celle-ci apparaît sous forme d'*excitation* liée aux zones érogènes, qui sont aussi des zones d'échanges : bouche, anus, etc. Ainsi prennent naissance ce qu'on appelle les *pulsions :* pulsion orale, pulsion anale, etc. Le petit enfant est ainsi un *être pulsionnel,* à la recherche du plaisir immédiat. Il veut tout, tout de suite. L'éducation, dans tous ses aspects, consiste à *différer les satisfactions.* A cette situation, source de frustration, le petit enfant réagit par l'*agressivité :* cette agressivité est vécue par lui comme destructrice pour son environnement immédiat (les parents notamment) et c'est ainsi que s'ébauche ce sentiment particulièrement douloureux qui va devenir la culpabilité.

La culpabilité constitue bien un élément parasite de la vie psychologique que la psychothérapie contribue souvent à atténuer, sinon à éliminer plus ou moins complètement. Nous verrons plus loin que la structure de la culpabilité est beaucoup plus complexe, et qu'elle constitue, contradictoirement, un élément à la fois parasite et nécessaire de la vie psychologique.

Ainsi, le seul examen empirique de la psychothérapie psychanalytique nous fait découvrir progressivement les éléments conceptuels qui la supportent. Nous avons découvert le transfert, la sexualité infantile, la pulsion. Il faut aller plus loin pour rendre compte plus complètement de cette aventure existentielle extraordinaire que constitue une cure psychanalytique.

Le complexe d'Œdipe

Avec la découverte du *transfert,* constitué par une sorte de déplacement affectif, c'est l'entrée en scène des parents qui se produit. Non pas les parents réels, tels qu'on pourrait les décrire objectivement, mais *les images parentales,* c'est-à-dire la représentation que le sujet a intériorisé des premiers protagonistes de sa vie affective. Le premier protagoniste affectif, c'est la *mère,* pourvoyeuse de nourriture et de soins. Par ses soins et ses caresses, induits par ses propres désirs, elle éveille et active les zones érogènes, zones de contacts et d'échanges, elle introduit l'enfant à l'univers pulsionnel, elle guide, pour ainsi dire, ses premiers pas dans la vie sexuelle. Elle est *la première séductrice.* Que l'enfant soit garçon ou fille, elle est le premier *objet* (d'amour). Elle le reste pour le garçon, la fille devra plus tard se tourner vers le père.

C'est l'état de prématurité de l'enfant humain à sa naissance, c'est l'état de *détresse originelle* du nouveau-né qui valorisent à l'extrême l'objet maternel. Le père aura comme fonction, entre autres, d'assurer la régulation de la distance et de la séparation d'avec la mère. Ainsi se constitue un trio, mère, père, enfant, dont la position respective de chacun des partenaires est décisive pour le développement psychologique et affectif de l'enfant. La rivalité et l'hostilité avec le parent du même sexe, l'attachement tendre au parent du sexe opposé constituent, schématiquement, les éléments du *Complexe d'Œdipe.*

Surmonter ce conflit est une tâche douloureuse et difficile qui fait accéder le sujet à la maturité affective.

Ces lieux communs de la psychanalyse sont constamment à l'œuvre dans une cure analytique. Aussi blasé soit-on, on reste toujours émerveillé et intrigué de leur permanence et de leur répétition. Le rôle du praticien est de les déceler dans le discours du patient, car ils n'apparaissent pas et ne peuvent pas apparaître avec une évidence aveuglante, et de les faire connaître à celui-ci quand ces thèmes œdipiens semblent prendre le thérapeute pour cible. C'est ce qu'on appelle interpréter *dans* le transfert.

En effet, le praticien, quel que soit son sexe, peut représenter soit une image paternelle soit une image maternelle pour son patient. Les mouvements transférentiels s'organisent en fonction de cette valence de l'image et le praticien doit se repérer par rapport à celle-ci.

Qu'est que la psychanalyse ?

Le Complexe d'Œdipe est un *concept central* de la théorie psychanalytique. Il a des conséquences et des implications anthropologiques considérables et il permet de répondre à la question de la signification de la psychanalyse dans le champ scientifique. Il permet de répondre à une question plus générale et plus profonde : *qu'est-ce que la psychanalyse ?*

Ce n'est pas par simple différence « technique » que la psychanalyse n'est pas une psychothérapie comme les autres. Même les psychothérapies qui s'en inspirent, malgré leur caractère plus bâtard, impliquent le même engagement existentiel. C'est l'être tout entier qui se trouve engagé dans une psychanalyse, avec son histoire, ses désirs, ses peurs, parce que la psychanalyse s'attaque aux racines mêmes de son identité.

La tâche qui incombe au petit de l'homme à sa naissance, c'est d'accéder à l'humanité, c'est son *devenir-humain* qui est en jeu. Ce devenir-humain, il ne le porte pas en lui, par on ne sait quelle force mystérieuse. Son individualité biologique en comporte les potentialités qui ne pourront s'actualiser et se développer que par le fait de son immersion dans un milieu humain, social et historique. C'est l'appropriation progressive de ce patrimoine social et historique, extérieur à lui, qui le fera entrer progressivement dans l'appartenance au genre humain. C'est « l'excentration sociale de l'essence humaine », selon la formule de Lucien Sève, qui montre ainsi que l'être humain ne porte pas en lui son « humanité », et que celle-ci se construit par l'appropriation d'un héritage social et historique. C'est par ce processus de *socialisation-hominisation* que le petit de l'homme développe son devenir humain. Ainsi se constitue le psychisme spécifiquement humain, l'accès à la subjectivité, qui dépendront d'apprentissages psychomoteurs, et plus spécialement de l'acquisition du *langage*.

La psychologie génétique, notamment celle de Wallon et Piaget, rend compte de ce développement psychomoteur, affectif et intellectuel par quoi le jeune enfant acquiert la plupart de ses facultés psychologiques. C'est la famille, puis l'école, qui pourvoient à cette éducation, selon des règles et des normes qui sont celles d'une société et d'une époque données.

Par ailleurs, parallèlement à cette éducation explicite se superpose une éducation « implicite » liée au comportement spontané des parents, à leur caractère, à leur problématique personnelle. Cette éducation « implicite » conditionne pour une part le caractère de l'enfant, le développement de sa vie affective, selon des vicissitudes diverses.

Cependant, ce que la psychologie traditionnelle ne prend pas en compte concerne le développement de la vie sexuelle. La sexualité, comme *fonction de reproduction,* rapproche l'espèce humaine des autres espèces animales. La division en deux sexes opposés et complémentaires pourvoie à la mise en œuvre de cette fonction. C'est là son aspect *naturel.* Mais l'existence de *l'autre sexe,* comme nécessaire à la mobilisation du besoin sexuel, introduit une dimension *sociale* de cette fonction naturelle, comme C. Lévi-Strauss l'a si bien noté. Il écrit dans son *Introduction aux Structures élementaires de la parenté* (p. 14) : « ...la vie sexuelle est au sein de la nature une amorce de la vie sociale, car, parmi tous les instincts, l'instinct sexuel est le seul qui pour se définir ait besoin de la stimulation d'autrui. » La sexualité humaine est donc bien *naturelle* et *sociale* à la fois. C'est ce caractère *mixte* qu'il faut prendre en charge dans toutes ses conséquences.

Chez l'être humain, le besoin sexuel ne s'exprime pas en tant que tel. La conscience de la présence et de la nécessité d'autrui pour le satisfaire opère un changement radical qui se traduit dans la dimension de l'intersubjectivité. De ce fait, l'instinct sexuel, au sens strict du terme, n'existe pas. Freud lui a substitué la notion de *pulsion* qu'on peut considérer comme un *instinct déqualifié,* car la pulsion n'a pas le caractère stéréotypé de montage prédéterminé comme l'instinct.

L'instinct vise à la reproduction, la pulsion se meut dans la *recherche du plaisir*. Freud parle plus précisément de *pulsions partielles* qui correspondent à chacune des phases du développement libidinal, et qui devront *s'unifier* sous le primat de la génitalité au moment de la puberté. Cette unification des pulsions partielles ne va pas de soi. Lorsque l'une d'entre elles se développe démesurément, de façon unilatérale et occupe tout le champ de la sexualité, on tombe dans la *perversion*.

Le développement psycho-sexuel est donc une aventure pleine d'aléas, dont les diverses péripéties se survivent à l'état amoindri sous la forme et l'extrême diversité des modalités de la vie sexuelle de chaque individu.

Le développement psycho-sexuel n'est soumis à aucune éducation. Il échappe à l'éducation (et l'éducation sexuelle ne peut rien contre ce fait) car il dépend des vicissitudes relationnelles et affectives qui se nouent au sein du milieu familial. Il n'y a pas de prophylaxie de l'exhibitionnisme, par exemple (pour l'instant), et aucune éducation sexuelle ne peut organiser une vie fantasmatique à la carte.

C'est de ce destin singulier de la sexualité humaine dont s'occupe la psychanalyse. La psychanalyse pousse jusqu'à ses dernières conséquences la logique de la division de l'espèce humaine en deux sexes opposés. Elle prend également en charge la dimension subjective qui s'introduit de ce fait dans la relation sexuelle. Le mouvement de la sexualité est ainsi décomposé en trois éléments : le *besoin* issu des fonctions et des appareils biologiques de reproduction, la *pulsion* issue de la sexualisation des grandes fonctions d'autoconservation, le *désir* enfin, qui est la dimension réelle — si l'on peut dire — de la sexualité humaine, et qui exprime sa nature foncièrement *subjective*. Mais les choses sont encore plus complexes. Le caractère déterminant de la dimension subjective de la sexualité humaine assigne à chacun des deux sexes de faire *coïncider dans la vie psychique sexe biologique et sexe psychologique*.

C'est là que gît toute l'aventure de la sexualité humaine. C'est ce dont la psychanalyse aura à rendre compte.

En effet, il ne suffit pas de naître garçon, avec un sexe masculin, ou fille, avec un sexe féminin, pour être assuré, au bout du compte, d'être pourvu du désir sexuel correspondant. Le devenir-humain est donc un devenir sexué, un *devenir-homme,* un *devenir-femme,* c'est-à-dire assorti du désir sexuel correspondant. Cette histoire complexe et difficile de la sexualité humaine, qui va décider de l'immense diversité pulsionnelle et fantasmatique de la vie sexuelle de chaque individu — dont la complémentarité conditionne ce qu'on appelle « l'entente sexuelle » —, c'est ce que la psychanalyse cherche à élucider et à mettre en théorie.

La psychanalyse doit prendre en compte la triple composition besoin-pulsion-désir de la sexualité humaine, avec le primat subjectif de la dimension du désir. Elle a donc affaire au *processus de socialisation-hominisation* de la sexualité humaine.

Dans le cadre de la structure parentale bisexuée, la sexualité biologique subit des remaniements complexes selon des étapes dont chacune laissera des traces à sa disparition. Les traces auront des effets non seulement sur la constitution sexuelle elle-même, mais aussi sur le caractère, le goût, les inclinations et, éventuellement, pourront se traduire sous la forme de symptômes psychonévrotiques. *Ces traces actives constituent ce qu'on appelle l'inconscient.*

L'inconscient est comme un grand livre muet et bruyant à la fois où est écrit l'histoire chaotique et turbulente du dressage de la sexualité humaine, parce qu'elle passe de l'état de besoin à celui de pulsion, et de l'état de pulsion à celui de désir. *L'inconscient est constitutivement sexuel.* Comme les ruines d'une ville enfouie, il est constitué par les bribes de l'histoire de la socialisation de la sexualité humaine.

Seule la psychanalyse est la procédure qui permet d'y avoir accès. A ce titre, le « *transfert est bien l'inconscient en acte* » (J. Lacan). Le transfert, par la mobilisation affective et émotionnelle intense qu'il suscite, par le mouvement d'activation de la parole libre qu'il imprime, permet l'émergence de ces bribes du passé. Mais l'inconscient n'apparaît jamais à l'état brut. Sauf dans certains cas, dans les psychoses, ou dans cette psychose hallucinatoire « normale » que constitue le rêve (« voie royale pour la connaissance de l'inconscient » selon Freud), il faut savoir le déceler dans l'*organisation* du discours ou dans sa *logique interne*. Ainsi, peuvent être mis au jour des *thèmes* qui réalisent la mise en paroles des étapes de l'histoire de la sexualité infantile.

C'est *dans* et *par* le langage, *support de la subjectivité* que l'inconscient transmet ses messages, messages énigmatiques, parce qu'ils sont des déguisements de motions pulsionnelles, et que l'interprétation doit déchiffrer. Le transfert, en jouant le rôle d'activateur pulsionnel, fait passer dans la parole, sous forme de *souvenirs,* les traces des expériences infantiles. C'est dans ce sens que « *l'infantile* » n'est pas « l'enfance », il est la partie refoulée du souvenir (d'enfance) parce qu'il est de nature conflictuelle. Par exemple, je me souviens d'avoir reçu une gifle de mon père parce que j'avais fait une bêtise ; « l'infantile » c'est la rage agressive que j'ai eu contre lui et que j'ai refoulée et dont je ne me souviens pas, mais que le mouvement de l'analyse peut permettre de mettre au jour.

« L'infantile » fait ainsi partie de l'inconscient, mais il n'en constitue pas les structures profondes, bien qu'il puisse s'y articuler. (Pour reprendre l'exemple plus haut cité : la rage agressive peut puiser son énergie dans l'hostilité œdipienne.) L'inconscient est donc bien constitué par les « traces » laissées par les diverses étapes de l'histoire de la sexualité infantile. Il n'apparaît jamais comme tel. Il est remanié *après coup* par les expériences ultérieures et c'est dans le mouvement du discours transférentiel qu'il s'organise pour en reconstituer les structures, structures que l'analyste doit pouvoir reconnaître dans le déroulement multiforme de la parole du patient.

L'existence de l'inconscient est donc liée au *processus d'acculturation de la sexualité humaine* qui consiste, dans le cadre de la structure de parenté, en des remaniements de la sexualité naturelle dont la finalité est *l'assomption subjective du sexe biologique ;* c'est-à-dire la constitution du *désir féminin* et du *désir masculin.* Cependant la vie pulsionnelle, bien qu'enserrée dans les réseaux de la socialisation trouve des modes d'expression détournés, dans les mots d'esprit, les actes manqués, les anecdotes à contenu sexuel ou agressif, etc. qui témoignent d'autant de la présence active de l'inconscient. Le rire est la prime de plaisir acquise pour la satisfaction pulsionnelle détournée, réalisée grâce aux jeux du langage. La transgression des contraintes nécessaires à la socialisation est à la fois source de plaisir et de culpabilité. Dans les jeux d'esprit, le plaisir l'emporte sur la culpabilité. Dans les psychonévroses, c'est la culpabilité qui l'emporte, bien que, dans certains cas (masochisme, par exemple), la culpabilité puisse elle-même être source de plaisir.

L'être humain est ainsi un animal dénaturé, « en proie au langage » comme le dit justement J. Lacan, et c'est là sa condition essentielle. L'histoire humaine est l'histoire de sa socialisation-hominisation *continue.*

Ce processus de socialisation-hominisation continue engage surtout la sexualité qui, originairement instinct de reproduction, doit préserver sa finalité biologique tout en se haussant au niveau du désir, selon des transformations complexes dont la psychanalyse tente d'élucider les déterminations. C'est la sexualité, rebelle à toute domestication, reliquat incontournable de l'origine animale de l'espèce humaine, qui, de ce fait, bride la liberté intérieure de l'être humain.

Contrairement à l'animal, l'être humain, pour assurer sa subsistance, transforme la nature par le *travail,* grâce à quoi il gagne en liberté par rapport aux forces naturelles extérieures à lui. Pour ce qui est de la nature « intérieure » — la sexualité —, elle exerce une contrainte permanente par l'intermédiaire des processus inconscients qui dictent les choix, dessinent les traits de caractère, préparent les psychonévroses. « Le moi n'est pas maître dans sa propre maison », affirme Freud.

La sociologie peut enseigner qu'un instituteur a plus de chance d'épouser une institutrice qu'une infirmière, ce qu'il est intéressant de comprendre, c'est pourquoi Mlle Y et non pas Mlle X. Le « choix » amoureux n'est un « choix » que par antiphrase. Il est entièrement téléguidé de l'inconscient. C'est la cure psychanalytique qui permet une plus grande liberté intérieure, une meilleure connaissance et maîtrise de soi, qui constitue une sorte de « déprogrammation-reprogrammation », par l'accès partiel aux processus inconscients qu'elle promeut. C'est la raison pour laquelle au terme d'une cure, il arrive parfois que certains investissements, amoureux ou idéologiques, puissent se désengager. Dans ce cas, la psychanalyse n'a fait que mener à son terme un processus qui était déjà en mouvement dans les profondeurs de l'être.

« Deviens ce que tu es », telle pourrait être la devise de la psychanalyse. C'est la libération des contraintes archaïques liées à des conflits internes qui permet l'accès du sujet à une meilleure vérité de lui-même. La liberté (individuelle) est ainsi conditionnée par une double série de déterminations : l'une, *externe,* d'origine socio-historique, l'autre, *interne,* liée au processus de l'inconscient. Bien qu'ils jouissent d'une relative autonomie, la question reste posée du *mode de sensibilité* des processus inconscients aux déterminations socio-historiques.

« La science de l'inconscient »

Ainsi, partant de la cure, et cheminant parallèlement à son mouvement, nous voilà arrivés à la grande question de la place de la psychanalyse dans le champ scientifique. La psychanalyse est la « *Science de l'inconscient* ». Les guillemets sont nécessaires, car il s'agit d'une science en *formation,* en mouvement permanent, constamment soumise à des remaniements techniques et théoriques. L'« homme de science », en l'occurrence le psychanalyste, est directement engagé, à la fois sujet et objet, avec son propre inconscient et sa problématique personnelle. Cela explique, pour une part, la diversité des « Écoles » qui se réclament de la grande découverte freudienne. Celle-ci est immense, complexe, contradictoire, à l'image de la nature de son objet. Freud lui-même a remanié ses théories au fur et à mesure du développement et de l'approfondissement de sa pratique. Il y a en quelque sorte divers « moments » dans l'œuvre freudienne, et on peut être tenté de privilégier unilatéralement tel ou tel de ses aspects.

Ainsi certains biologisent à l'excès l'inconscient, et ramènent la pulsion à l'instinct. D'autres, prenant acte du fait que la cure se déroule dans le champ de la parole, privilégient le langage au détriment de l'affectivité. En fait, il s'agit de tenir ensemble affectivité et langage, en examinant leurs interrelations réciproques. Comment le langage agit-il sur l'affectivité, telle pourrait être schématiquement résumée la problématique de la cure.

La cure est donc une entreprise individuelle. En fait, c'est une aventure à deux, voire à plusieurs. La psychanalyse confirme que « Je est un Autre », mais cet « Autre » est pluriel. Cet « Autre » pluriel est au principe des multiples identifications qui vont participer à la constitution de la personne. Ainsi, la personnalité est multiple, complexe, conflictuelle. L'unité intérieure de l'être humain est un équilibre fragile, précaire, instable, formé d'un *compromis* entre « forces » pulsionnelles et exigences de la réalité. « Conflit », « compromis », sont des notions essentielles de la vie mentale. Un caractère est un « compromis », des troubles névrotiques sont une forme de « compromis », un engagement professionnel peut être l'effet d'un « compromis », etc.

La cure psychanalytique, justement, peut contribuer à améliorer ce « compromis » quand il est trop onéreux en souffrance morale ou en difficultés relationnelles. La cure psychanalytique fait la démonstration, en quelque sorte expérimentale, de l'influence d'un être sur un autre, ou plutôt, de « l'auto-influence » qu'un être peut exercer sur lui-même par l'intermédiaire d'un autre. L'intrasubjectivité se déploie dans l'intersubjectivité du fait de la dynamique du transfert. La cure psychanalytique permet au « monde intérieur » du patient de se projeter dans le mouvement du discours. Le discours est l'*expression matérielle* de ce « monde intérieur » qui existe indépendamment de lui. Il n'existe pas indépendamment d'autrui, puisqu'il est fait d'*expériences relationnelles sédimentées.*

Mais le processus de sédimentation possède son autonomie propre. L'être humain n'est pas une marionnette, manipulée par les « circonstances » : son histoire personnelle est un mélange complexe d'éléments externes et d'éléments internes dont les interrelations constituent une dynamique originale et unique. Chaque être humain est une pièce originale. Comment concilier cette singularité, cette unicité de la personne humaine avec les mouvements de l'histoire qui engage des millions d'individus pour en constituer des *masses.* Comment passer de l'*individu,* acteur particulier de la cure analytique, à la *masse,* acteur collectif de l'histoire : voilà ce que se proposent d'aborder les quelques essais rassemblés dans ce recueil.

A quoi sert la psychanalyse ? A comprendre l'individuel, à contribuer à son changement. Peut-elle servir à comprendre le collectif, et à aider à promouvoir le changement à son échelle : telle est la question que cet ouvrage se propose, non pas de résoudre, mais de mettre en place quelques-uns de ses éléments.

Janvier-février 1986.

DEUXIÈME PARTIE

Vie affective et politique

L'affectivité est partout, dans les rapports interpersonnels comme dans la vie des groupes. Le transfert psychanalytique montre de façon expérimentale comment s'opèrent les mouvements affectifs d'un être par rapport à un autre. Au niveau collectif, c'est la représentation que se font les groupes socio-professionnels de leur rapport à la réalité qui, pour des raisons affectives, est parfois prévalente. La connaissance des mécanismes du processus idéologique doit permettre une action politique qui favorise une meilleure coïncidence entre représentations et conditions réelles d'existence.

La dynamique du transfert

La vie affective concerne l'individu dans ce qu'il a de plus intime et de plus personnel. La politique concerne des millions d'individus engagés dans les antagonismes sociaux. Peut-on retrouver au niveau du mouvement des masses les différents avatars de l'affectivité, tels qu'ils apparaissent dans les péripéties de la vie personnelle. Le vocabulaire politique est souvent émaillé de mots à connotation « psychologique » : on parlera de « combativité », « d'abattement », de « résistance », de « résignation », etc. S'agit-il là de simples métaphores commodes ou de l'expression d'une problématique véritable. Un texte sur le *transfert* et un texte sur *l'idéologie* cherchent, chacun à leur manière, à poser les linéaments de cette problématique. Ils abordent chacun un problème spécifique, à travers lequel des problèmes plus généraux peuvent être éclairés.

Le transfert renvoie à une *expérience individuelle* dans le cadre singulier de la cure psychanalytique. L'idéologie concerne la représentation que se font les *groupes sociaux* de leur rapport à la réalité. Dans un cas comme dans l'autre, on peut voir *l'imaginaire* à l'œuvre. Mais c'est déjà fermer le problème que de le poser en ces termes. Voyons les choses de plus près.

Le transfert peut se définir schématiquement comme la réactualisation sur la personne de l'analyste de désirs infantiles inconscients. Évidemment, le patient ne les perçoit pas comme tels. Il a pour son thérapeute des sentiments, positifs ou négatifs, vifs ou modérés, il a « confiance » en lui, il lui est « attaché », etc., il expérimente toute une gamme d'affects dont le caractère régressif lui échappe et il les vit en pleine actualité. Quand des sentiments amoureux se font jour dans le transfert, le problème devient plus aigu, mais il permet de mieux poser la question de « réalité » ou de la « non-réalité » de ces événements affectifs. En effet, le paradoxe du transfert, c'est que la rencontre hebdomadaire ou pluri-hebdomadaire avec un quidam inconnu, d'une durée de quarante à quarante-cinq minutes puisse susciter de tels bouleversements affectifs. C'est-à-dire que le même quidam, rencontré en d'autres lieux, ne susciterait par contre aucune réaction sentimentale. C'est donc le cadre et la structure de la situation analytique — ou psychothérapique — et *l'attente du patient,* qui sont responsables de ces mouvements affectifs. Ainsi, une situation *artificielle,* pour des raisons que nous aurons à élucider, provoque des sentiments réels.

Par rapport à la problématique qui nous occupe, le transfert montre déjà la grande vulnérabilité affective de l'être humain, son immense aptitude à la mobilisation affective, pourvu qu'il rencontre un objet propice sur sa route. Ce que Freud appelle « le besoin d'aimer et d'être aimé qui n'abandonnera plus jamais l'homme » (dès sa naissance) se vérifie avec la plus grande acuité dans le transfert. Ce que Lacan formule en des termes différents : « ... tout le passé s'entrouvre jusqu'au fin fond de la première enfance. Demander, le sujet n'a jamais fait que ça, il n'a pu vivre que par ça et nous prenons la suite... La régression ne montre rien d'autre que le retour au présent de signifiants usités dans des demandes pour lesquelles il y a prescription. » Le transfert, et les modalités des interventions de l'analyste, visent à faire revivre au patient les diverses étapes de son évolution libidinale. Ce n'est qu'à ces conditions que peuvent se produire les remaniements intrasubjectifs grâce auxquels le sujet accède à plus de maturité affective.

Freud a longtemps considéré le transfert comme *résistance* au traitement psychanalytique. Son idéal était celui d'une remémoration la plus complète possible pour permettre une réélaboration du passé, alors que le transfert est *répétition* du passé dans le présent. Actuellement, on considère que la cure se joue sur les différents registres de la remémoration, de la perlaboration (c'est-à-dire le travail de réélaboration intra-psychique) et de la répétition active dans le transfert.

La cure psychanalytique est effectivement un *travail,* et le transfert, dans sa forme d'amour de transfert, peut alors devenir une résistance par rapport aux nécessités de ce travail. Ainsi le transfert, même dans sa forme amoureuse, n'est pas une pure *illusion,* sinon il n'aurait pas cette force mobilisatrice, d'autant plus que l'analyste n'est pas absolument innocent dans cette situation. Il est un être humain et non pas un mannequin du musée Grévin et, aussi neutre soit-il, il ne peut manquer d'apporter des éléments de « réalité » après quoi peuvent s'accrocher les désirs du patient. C'est ce caractère ambigu de la situation analytique qui fait toute sa difficulté.

Le processus idéologique

Du transfert à *l'idéologie,* le pas est large. Mais, le transfert, qui suscite et révèle l'aptitude à la mobilisation affective et émotionnelle qui gît au cœur de l'homme, est un terrain d'expérience pour affirmer la force active de *l'imaginaire.* Qu'est-ce qui fait agir les gens : est-ce que ce sont leurs intérêts matériels ou leurs intérêts affectifs ? Est-ce la situation réelle, *objective* dans laquelle ils se trouvent engagés ou bien *la représentation* qu'ils en ont dans leur tête ?

La propagande politique (communiste) cherche à faire en sorte que les masses aient une représentation adéquate de leur rapport à la réalité objective. Au contraire, la manipulation médiatique consiste à inculquer les points de vue de la classe dominante. Cependant, lorsqu'on dit que « l'idéologie dominante est celle de la classe dominante », cela ne renvoie pas à un simple problème de manipulation ou d'inculcation. Le rapport à la réalité n'est jamais direct, immédiat, il est toujours *médiatisé* par des représentations, des systèmes de valeurs, des images, etc., qui constituent la « métabolisation » de cette réalité à travers les désirs des individus.

Les individus, pris isolément, appartiennent chacun pour leur part à plusieurs groupes, socio-professionnels ou culturels, chacun porteur de valeurs différentes, mais ayant toutes pour fonction d'assurer la cohésion du groupe et, par voie de conséquence, la cohésion interne de l'individu. L'appartenance principale est, bien entendu, socio-professionnelle, le rapport au *travail* et au métier étant fondamentalement formateur. Les partis politiques, les syndicats, etc., sont des groupes fortement structurés, ayant une finalité explicite et un système de valeurs affirmé. Mais, être le supporter d'une équipe de football, ou appartenir à un club de bridge n'est pas sans importance sur le plan de la mentalité. Même l'individualiste le plus forcené est pris, malgré lui, dans une appartenance, qui véhicule un système de valeurs.

La nourriture affective

En quelque sorte, l'individu doit se justifier son rapport à l'existence et le système de valeurs qu'il s'approprie sert à cette justification. L'esprit de groupe, l'élitisme, le corporatisme, etc. sont autant d'éléments d'une *nourriture narcissique* qui sert à conforter l'équilibre psychologique des individus. Être conducteur du métro, être ouvrier de presse, être ancien interne de ceci ou de cela, etc., ce qu'on appelle « l'esprit de corps » est une nécessité affective structurelle. L'être humain construit sa personnalité par une série d'*identifications* et l'appartenance à plusieurs groupes a pour fonction d'assurer ce système d'identifications.

Quand on dit que l'être humain est un « être social », il faut l'entendre selon un double mouvement d'une socialité originaire et d'une socialisation continue par l'intermédiaire des différents groupes et institutions qui constituent la société globale. L'homme ne vit pas seulement de pain, et l'idée qu'il se fait sur la façon de « gagner son pain » peut prévaloir sur ses conditions réelles d'existence.

C'est à ce niveau qu'agit « l'idéologie dominante ». Elle tend, par principe et par essence, en quelque sorte, à dissocier le système de valeurs de ses bases réelles, pour l'isoler et le mettre au premier plan. Ainsi, l'employé se sentira « supérieur » à l'ouvrier parce qu'il porte une blouse blanche et une cravate, et non pas un bleu de travail et une casquette. Même si son salaire est moindre, la représentation symbolique de son statut prévaudra sur sa réalité matérielle. Dans une société où toute l'histoire est celle de la lutte et de la domination de classes la notion de *« pouvoir »* est profondément ancrée dans la tête des individus. Le système des hiérarchies renforce cet intérêt pour le « pouvoir » et celui-ci peut se traduire tout aussi bien dans une réalité concrète que par l'intermédiaire d'une imagerie symbolique.

Ainsi, les contradictions sociales sont multiples. Sur la base même des contradictions fondamentales que sont les contradictions de classes s'articulent d'autres contradictions, dont le moteur peut être tout aussi bien des intérêts matériels que des intérêts moraux ou de prestige. L'idéologie dominante joue sur la multiplicité de ces contradictions en désolidarisant les membres des groupes pouvant avoir des intérêts matériels voisins, mais dont les intérêts moraux sont différents. Plus une société est diverse, plus complexes et plus riches sont ses contradictions, plus sont vulnérables les solidarités, et plus active et plus efficace est l'idéologie dominante.

L'idéologie dominante n'a aucune difficulté à jouer sur les représentations, puisqu'elle est elle-même système de représentations visant à assurer la pérennité de l'ordre qu'elle défend. Elle tend à amener dans son sillage les couches sociales ayant des systèmes de représentations voisins : ainsi le « cadre » est promu comme héros des temps modernes, il est le bras droit du patron, et bien que salarié, il identifie aux siens les intérêts de l'entreprise pour laquelle il travaille. Non seulement il est assuré de son statut par son salaire, mais au sein de la pyramide hiérarchique il se situe à un niveau qui lui donne des satisfactions symboliques, très gratifiant du point de vue narcissique, c'est-à-dire au niveau de l'amour de soi et de « l'amour-propre ».

Celui qu'on appelle le « petit chef » est le type même de l'individu pris dans le piège de la « maladie du pouvoir » : qu'il soit paternaliste ou sadique, il tire une satisfaction qui devient une nécessité de sa vie psychologique, de la position de domination dans laquelle le situe la structure hiérarchique, aussi dérisoire que soit sa place.

Engels avait déjà noté que « ... depuis l'apparition des antagonismes de classes, ce sont précisément les passions mauvaises des hommes, la convoitise et le désir de domination qui sont devenus les leviers du développement historique... », et il ajoute : « ... ce dont l'histoire du féodalisme et de la bourgeoisie, par exemple, n'est qu'une preuve continue. » A sa façon, il soulignait l'importance du « goût du pouvoir », comme « levier du développement historique ». Nous sommes les héritiers de cette histoire, nous vivons encore *dans* cette histoire, et le fonctionnement psychologique de l'être humain ne peut pas ne pas en être imprégné. Seulement, la psychanalyse apporte un éclairage en profondeur pour montrer comment des nécessités issues de certaines modalités de l'histoire se convertissent en nécessités psychologiques et affectives structurelles.

Ainsi le transfert enseigne sur la demande affective insondable qui habite le cœur humain. Cette demande affective correspond aux nécessités de la personnalisation. Elle se satisfait à travers les différents liens qui se tissent tout au long d'une vie : liens familiaux, d'amour, liens d'amitié, de camaraderie etc. Elle trouve aussi sa nourriture en s'investissant dans des idéaux ou des systèmes de valeurs qui participent de la vie d'un groupe, quelles que soient ses dimensions ou sa finalité. Par exemple : « L'amour de la patrie », « l'esprit de clocher », « l'esprit de parti », etc., qui témoignent de l'impact des systèmes de valeurs sur la vie affective.

La notion de l'idéologie comme « fausse conscience », « méconnaissance », etc., est insuffisante à rendre compte de la complexité contradictoire du phénomène. C'est ce que l'analyse marxiste cherche à mettre en évidence par des formules comme « l'effet en retour de l'idéologie », ou encore « quand les idées s'emparent des masses elles deviennent des forces matérielles ». Les événements historiques aigus ou les grandes crises socio-politiques sont difficilement prévisibles. Il faut une coïncidence entre les intérêts idéologiques collectifs et les intérêts narcissiques individuels pour que les masses se mobilisent, quelle que soit la conscience qu'elles aient des intérêts matériels réels qui les mettent en marche. Par exemple, il y a quelque temps, une grève des transports en commun dans la région parisienne consécutive à la condamnation d'un conducteur du RER : les travailleurs de la RATP sont mécontents de leurs salaires et de leurs conditions de travail, mais le niveau de conscience est insuffisant pour les pousser à l'action ; à l'occasion de la condamnation de leur collègue, ils s'identifient à celui-ci, et c'est le développement contagieux d'une grève foudroyante. C'est « l'esprit de solidarité », c'est-à-dire l'identification au collègue lésé qui a été décisif.

Avril 1986.

Transfert, amour de transfert, amour, etc. – ou l'illusion thérapeutique

Ce texte est celui d'un exposé fait au CERM en mai 1977, dans le cadre d'un cycle de conférences intitulé « A propos de la psychanalyse ». Il s'agit donc du bilan provisoire d'un certain nombre de réflexions, dans le mouvement d'une recherche constitutivement instable. Ce sont diverses questions que je me pose, à propos de la psychanalyse : il s'agit en quelque sorte de la mise en place d'une problématique.

Plus précisément la question que je me pose est la suivante : la psychanalyse peut-elle nous apporter les éléments d'une théorie de l'individu ? quelle peut être sa place dans une théorie de la subjectivité qui puisse enrichir le marxisme d'une dimension nouvelle, dans la mesure où le marxisme n'est pas un système clos aux réponses toutes prêtes, et qu'il doit s'enrichir de chaque découverte d'une science nouvelle ?

Les masses font l'histoire certes, mais qui sont les masses sans les millions d'individus qui les composent ?

Autre question : un praticien marxiste, dans ce domaine complexe *et nouveau qu'est la psychanalyse, ne peut-il pas, à partir de sa pratique professionnelle et militante, ouvrir des voies personnelles à la recherche théorique ?*

Le texte qu'on va lire est donc un texte à la fois d'« humeur » et de théorie. L'« humeur », il est vrai, nuit parfois à la rigueur théorique ; mais elle pousse au questionnement, et, surtout, elle met l'imagination, sinon au pouvoir, en tout cas au travail.

Pour commencer, en guise d'exergue en quelque sorte, trois citations de Freud, extraites d'un article écrit en 1915, intitulé « Observations sur l'amour de transfert », publié dans le livre *De la technique psychanalytique :*

Première citation : « Le psychanalyste sait bien qu'il manipule les matières les plus explosives et qu'il doit opérer avec les mêmes précautions et la même conscience que le chimiste. »

Deuxième citation : « Dans la pratique médicale... l'on ne pourra ainsi se passer d'une psychanalyse non modifiée, méthodique, qui ne craint pas de manipuler les émois psychiques les plus dangereux, afin de les maîtriser dans l'intérêt même du malade. »

Troisième citation : « Il est exact que cet état amoureux (c'est-à-dire l'amour de transfert) n'est qu'une réédition de faits anciens, une répétition de réactions infantiles, mais c'est là le propre même de tout amour et il n'en existe pas qui n'ait son prototype dans l'enfance. Le facteur déterminant infantile confère justement à l'amour son caractère compulsionnel et frisant le pathologique. L'amour de transfert est peut-être d'un degré moins libre que l'amour survenant dans la vie ordinaire et réputé normal. »

En centrant cet exposé sur le *transfert* avec les implications *affectives* et *sexuelles* qu'il comporte, je veux me situer au carrefour d'un certain nombre de préoccupations.

1) Quelle est la nature de l'effet psychothérapique, du processus psychothérapique ? En d'autres termes, qu'est-ce qui fait qu'un *traitement psychothérapique* « marche », quand il marche ? C'est la question que se posent tous les

praticiens, et c'est essentiellement en praticien que je me présente ici. Je ne veux pas céder au terrorisme ou au chantage d'une certaine mode, selon laquelle notre rencontre avec les patients serait en quelque sorte « mondaine », extra-thérapeutique. Ce serait la rencontre sereine et désintéressée de deux subjectivités désincarnées et sans racines.

2) L'expérience thérapeutique, comme l'expérience de la vie tout court, met au premier plan l'importance de la vie affective dans l'organisation ou la désorganisation de la personnalité : le processus psychothérapique ne passerait-il pas justement au niveau des mouvements de la vie affective mis en action par la situation thérapeutique ?

3) Étant données les relations évidentes entre *vie affective* et *vie sexuelle,* quelle est la part de la dimension sexuelle agissant dans le processus thérapeutique et comment la mettre au jour ?

4) La psychanalyse ne serait-elle pas justement, au niveau de la *pratique thérapeutique,* le procédé qui permet au mieux de maîtriser les implications affectives et sexuelles de la relation thérapeutique ? Le *transfert* ne serait-il pas alors le concept central qui permet d'éclairer et de rationaliser toutes ces interrogations, pour œuvrer à leur élucidation ?

C'est donc à partir des péripéties multiples et des vicissitudes diverses liées à la *pratique thérapeutique,* puis *psychothérapique,* et enfin *psychanalytique* que toutes ces questions se sont posées à moi en emportant une conséquence plus radicale : si la psychanalyse est plus, et autre chose, qu'une pratique psychothérapique, plus perfectionnée que les autres, *qu'est-ce que c'est ?* C'est à partir de ces questions naïves, mais qui sont au cœur même de notre pratique, avec parfois des conséquences qui prennent les dimensions d'un drame mortel ou mortifère, que je vais avancer progressivement jusqu'au niveau de mes réflexions théoriques. En trois temps.

Premier temps : Mise au point du concept de transfert par Freud.

Deuxième temps : Examen des implications qu'une certaine conception du transfert comporte, quant à *la nature de la psychanalyse* et au *statut de* l'inconscient.

Troisième temps : Quelles conséquences en tirer pour nous, marxistes, en admettant, ce qui restera encore à démontrer, qu'être « marxiste » cela a encore un sens.

Mise au point du concept de transfert par Freud

Il s'agit d'un rappel historique qui ne sera pas inutile, en un temps où l'on fait semblant d'oublier que Freud a d'abord été un *thérapeute,* un *médecin,* un *neurologue.* On ne peut pas comprendre l'avènement de la psychanalyse, et encore moins sa signification, si on ne tient pas compte des différents « parrains » qui ont présidé, plus ou moins involontairement à sa naissance, c'est-à-dire la rencontre de *Freud neurologue* avec *l'hystérie* et *l'hypnotisme.* Freud le neurologue, l'hystérie et l'hypnose — sont indissolublement liés dans ce mélange bizarre et hétéroclite qui a donné naissance à la psychanalyse.

Très vite Freud l'hypnotiseur s'ennuie et tombe dans le désenchantement, car il se doute bien que ce ne sont pas — pas seulement — les « passes » et les paroles qui sont responsables du sommeil hypnotique et de ses effets thérapeutiques. Quand il abandonne les méthodes hypnotiques pour celles des « libres associations », c'est qu'il a déjà l'intuition de l'importance de la relation du patient avec son thérapeute.

Ce qu'il y a d'intéressant à rappeler, ce n'est pas tant l'histoire de la patiente de Freud qui se jette à son cou au sortir du sommeil hypnotique, ni les péripéties de Breuer avec Anna O et sa grossesse nerveuse. Ce qui est intéressant, c'est que Freud parce qu'il avait eu très tôt l'intuition de la valeur thérapeutique de la relation médecin-malade, peut se permettre de laisser aller les libres associations. C'est la confiance dans les effets de la relation médecin-malade qui lui fait penser que le mouvement des libres associations doit comporter des connexions internes, liées aux mouvements même de la relation médecin-malade. Le coup de génie de Freud, entre autre, c'est d'avoir accepté la passivité, d'avoir renoncé à l'activisme thérapeutique, escomptant sur les *effets de la relation* pour mettre au jour des données nouvelles.

On pourrait multiplier les citations où Freud met en relief *l'impact affectif* de la relation médecin-malade et ses conséquences sur le processus thérapeutique. Mais il ne s'agit pas du transfert à proprement parler. L'impact affectif sert la relation thérapeutique dans le sens où elle favorise la bonne volonté du patient dans le cadre du travail cathartique ou dans celui de l'examen des résultats des libres associations.

Le transfert apparaît dès l'instant où dans la relation du patient et du thérapeute se spécifie quelque chose qui ressemble au mécanisme de *déplacement* dans le rêve, le déplacement d'une charge affective d'une représentation sur une autre représentation.

Le mot allemand *Übertragung* met bien en relief cette notion de déplacement : mais c'est un déplacement dans l'ordre de l'économique, comme un transfert de fonds, d'une banque à une autre banque. En effet, c'est une chose que de constater l'importance du moteur affectif dans la relation médecin-malade, et c'est une autre chose d'en élucider les mécanismes. L'*Übertragung* témoigne du déplacement d'une charge affective d'un système de représentation à un autre système de représentation, dans le cadre de la cure thérapeutique, et du fait de la situation thérapeutique.

Dans *le Cas Dora,* publié en 1905, mais écrit dans le décours et la suite de *la Science des rêves,* Freud, parle de « transferts » (au pluriel) qui sont, selon lui : « De nouvelles éditions, des copies des tendances et des fantasmes qui doivent être éveillés et rendus conscients par les progrès de l'analyse, et dont le trait caractéristique est de remplacer une personne antérieurement connue par la personne du médecin. »

C'est déjà plus précis comme mécanisme que lors de l'article sur la « Psychothérapie de l'hystérie », en 1895, où il considère le caractère érotique de cette relation comme accidentel, disant : « Le désir actuel se trouve rattaché par une compulsion associative à ma personne, évidemment passée au premier plan des préoccupations de mes malades. Il s'agit alors d'une *mésalliance,* d'un *faux rapport.* » Ce déplacement est ainsi d'abord un *faux rapport temporel* et un *faux rapport de personne.*

Le transfert est ainsi, dans ce premier temps, une gêne au traitement, c'est une résistance et dans *le Cas Dora* Freud écrit : « Le transfert, destiné à être le plus grand obstacle à la psychanalyse, devient son plus puissant auxiliaire, si l'on réussit à le deviner chaque fois et à en traduire le sens au malade. »

C'est là une conception en quelque sorte négative du transfert. Il lui faudra encore d'autres expériences et d'autres déboires thérapeutiques pour en arriver à une conception positive du transfert.

Ainsi, dans une lettre à Jung du 6 décembre 1906, il écrira, à propos du traitement psychanalytique : « ... C'est essentiellement une cure par l'amour. En outre, c'est le transfert qui fournit la meilleure preuve, la seule inattaquable du rapport qui existe entre les névroses et l'amour. »

Dans un article écrit en 1912, intitulé la « Dynamique du transfert », où Freud est mieux à même de mettre de l'ordre dans ses idées, il affirme : « ... nous en concluons que tous les rapports d'ordre sentimental utilisables dans la vie, tels que ceux où se marquent la sympathie, l'amitié, la confiance, etc. sont génétiquement apparentés à la sexualité et émanent, par effacement du but sexuel, de désirs vraiment sexuels, quelques innocents et dénués de sexualité qu'ils apparaissent à notre perception consciente. »

Ainsi, il y a plusieurs étapes dans la mise au point du concept de transfert par Freud. Il y a une étape en quelque sorte préconceptuelle, où Freud prend conscience que « la relation affective personnelle était plus puissante que tout travail cathartique et justement ce facteur se soustrayait à notre maîtrise ». La notion de « déplacement » apparaît dans *la Science des rêves* et dans *le Cas Dora* et met en relief l'idée du « transfert » de la charge affective d'une personne à une autre personne. Dans *l'Homme aux rats,* en 1907, Freud dit que son patient expérimente par la « voie douloureuse du transfert » la vérité de ses interprétations. Le caractère d'*expérience affective vécue* dans le ici et maintenant de la cure analytique apparaît alors avec évidence.

Au fur et à mesure de son travail thérapeutique et de ses découvertes, Freud va être assuré de la place centrale du transfert dans le processus thérapeutique. C'est ce qui le conduira en avril 1910 dans une conférence intitulée « L'avenir de la thérapeutique analytique » à insister sur les conséquences pour l'analyste, de l'existence et de la place du transfert, c'est-à-dire le *« contre-transfert »*. Il pourra alors écrire : « Notre attention s'est portée sur le *contre-transfert* qui s'établit chez le médecin par suite de l'influence qu'exerce le patient sur les sentiments inconscients de son analyste. Nous sommes tout prêts d'exiger que le médecin reconnaisse et maîtrise en lui-même le contre-transfert ». Il en formule alors les conséquences pratiques inéluctables. « C'est pourquoi nous exigeons qu'il commence par subir une analyse et qu'il ne cesse jamais, même lorsqu'il applique lui-même des traitements à autrui, d'approfondir celle-ci. Celui qui ne réussit pas à pratiquer une semblable auto-analyse ferait bien de renoncer, sans hésitation, à traiter analytiquement des malades. »

Ainsi, en mettant l'accent sur le *transfert* et le *contre-transfert,* avec les implications sexuelles qu'ils comportent, Freud veut souligner l'importance du *registre affectif* dans la relation analytique et ses effets thérapeutiques. Le transfert apparaît ainsi comme l'expression des *nécessités affectives* du sujet, que la relation analytique met progressivement à jour. Mais, une fois dites toutes ces choses, on n'a encore rien dit. C'est la discussion du concept de *transfert* et ses implications théoriques qui devient essentiel.

Discussion du concept de transfert

Par cette discussion, il s'agit de montrer que l'existence du transfert conduit, nécessairement, à l'existence de l'inconscient, et que c'est la conception qu'on se fait du transfert qui va commander la conception qu'on aura de l'inconscient et de la psychanalyse. Il s'agit, en quelque sorte, de rendre problématique ce qui apparaît parfois comme trop évident. Un peu comme si je voulais me convaincre de la vérité de la psychanalyse, pour montrer comment je l'ai rencontrée sur mon chemin, et, en paraphrasant, une formule à la mode, pour pouvoir affirmer : « L'inconscient existe, je l'ai rencontré. »

Et pour proposer, chemin faisant, mes propres formulations théoriques. Empiriquement, au premier abord, le transfert met à jour un *quiproquo,* un *malentendu,* qui paraît comme constitutif de toute situation thérapeutique. « Pourquoi m'aimez-vous ? pourrait-on dire à nos patients, je suis un homme ordinaire, et qu'est-ce qui peut bien se passer dans votre tête pour que vous vous fassiez de telles idées sur mon compte ? » Parce que, qu'il soit positif, c'est-à-dire fait de sentiments tendres, voire érotiques, ou négatif, c'est-à-dire fait d'hostilité ou d'agressivité déclarée, le transfert comporte toujours le même malentendu : il y a *erreur sur la personne.*

Mais il ne suffit pas de dire à un patient, ou une patiente, « ce n'est pas moi que vous aimez, c'est votre papa », pour en être quitte. Bien au contraire : en formulant cette affirmation, on dit en réalité ceci : « Vous m'aimez, soit ; mais moi je ne vous aime pas. » Grâce à quoi on aggrave les choses, parfois jusqu'au drame.

Or, ce qu'il y a de paradoxal, si on imaginait le thérapeute dire à sa patiente : « Vous m'aimez, et bien, moi aussi », il n'est pas sûr qu'on ne débouche pas également sur la catastrophe. C'est-à-dire, l'irruption brutale de la *réalité* apparaît alors en rupture avec l'imaginaire (je dis bien la réalité, non pas le réel), et pourrait, cela s'est déjà vu, faire éclater chez la patiente une bouffée délirante. Il s'agit donc bien de « matières explosives », comme le dit Freud, que manipule le psychanalyste.

Ainsi, qu'est-ce qu'il se passe au juste ? Quel est le secret de cette discordance entre deux réalités : la *réalité extérieure,* qui est celle de la situation psychanalytique et de son protocole, et *la réalité intérieure,* la *réalité psychique,* qui est celle qui voit le patient en proie à ses désirs et fantasmes inconscients.

Mais, parler ainsi, c'est aller vite en besogne, c'est supposer le problème résolu, et c'est, en tout cas, introduire toute une série de notions et de concepts qui ont besoin qu'on leur prépare leurs *coulisses épistémologiques.* En tous les cas, des expressions comme « quiproquo », « malentendu », « erreur sur la personne », « illusion », etc. peuvent, en première approximation, rendre compte de la singularité complexe et contradictoire du phénomène.

Dans le texte cité sur l'« Amour de transfert », Freud dit encore ceci : parlant de la femme amoureuse de son médecin, il dit que, « en étouffant la partie animale de son moi », on pourrait l'aider, par des exhortations moralisatrices, à poursuivre son travail analytique. Il considère que ce serait courir à l'échec, et que telle n'est pas la bonne voie. Mais c'est l'expression « *la partie animale de son moi* » qui doit retenir notre attention. Par cette formule apparemment simpliste, Freud veut mettre l'accent sur ce qui, dans l'amour (ou dans le transfert), appartient à la *sexualité,* dans ce qu'elle a d'irréductiblement physique et corporelle. En d'autres termes, c'est la « *problématique de la pulsion* » qui entre en scène. On verra qu'il est difficile d'y échapper et, qu'à suivre cette voie, c'est-à-dire de la *prise en charge* du *registre pulsionnel,* on s'embarque dans une galère épistémologique en permanence au bord du naufrage.

C'est donc l'existence de la sexualité qui est responsable du quiproquo particulier spécifié par le concept de transfert. En d'autres termes, l'amour, les amours, même les plus platoniques, renvoient toujours au corporel, à la sexualité dans sa prosaïque et irréductible concrétude physique. Mais, comme le dit Freud, la pulsion est un *concept limite,* entre le psychique et le somatique. La pulsion est, en quelque sorte, biologique par en bas et psychique par en haut. Ou plutôt, la pulsion est l'expression, au niveau du psychisme, des excitations internes venues de la sphère somatique.

Toute la réflexion de Freud, depuis le début de sa recherche théorique jusqu'à la fin de sa vie, sera d'éclairer, *à sa manière,* comment il se fait que, de la matérialité physique, c'est-à-dire du *somatique,* peut émerger une sphère qualitativement nouvelle : le *psychisme.* La notion de pulsion est la « convention », comme il dit, sur laquelle il s'appuie pour élucider ce passage de la sphère somatique à la sphère psychique. Reste à savoir pourquoi, *dans un premier temps de sa théorisation en tout cas,* c'est aux pulsions sexuelles qu'il a fait appel pour lui rendre ce service.

Le transfert met à jour, justement, comment des mouvements profonds du corporel, c'est-à-dire de la sexualité, peut naître une situation tout entière branchée sur le registre de l'illusion. Mais — et c'est ce qu'il faut souligner — le transfert met en lumière le caractère de *positivité* de cette illusion, qui n'est ni fumée, ni séquence de prestidigitation, mais comporte sa propre *réalité.* Les sentiments éprouvés par le patient, quels qu'ils soient, sont réels ; il en expérimente dans son cœur et dans son corps la *contraignante réalité.* Telle patiente qui balance son parapluie sur la tête de son analyste, tel patient qui envoie des fleurs à son thérapeute, l'un comme l'autre ne vivent pas un rêve éveillé, ils agissent dans la *réalité,* dans *leur* réalité, qui se trouve, et c'est là le fond du problème, en *discontinuité* et en *continuité,* simultanément, par rapport à la « *vraie* » *réalité,* si l'on peut employer cette expresssion.

Ce qu'il est intéressant de noter, au niveau empirique comme sur le plan théorique, c'est *l'énorme mobilisation affective et émotionnelle* qui se trouve ainsi mise en action. C'est pour cela que l'on dit, à juste titre, que l'apparition et le développement du transfert ne laissent jamais d'étonner les analystes, même les plus expérimentés et les plus blasés.

Ainsi, le transfert donne un statut de positivité à ce qui peut apparaître comme *illusion.* En réfléchissant sur ses implications sexuelles, on se rend compte que ce registre de *l'imaginaire,* ainsi mis à jour, possède une épaisseur, une réalité, une concrétude quasi viscérale, que le vocable « d'imaginaire » risque toujours d'estomper, sinon de faire disparaître, au bénéfice d'une *structure signifiante* trop dégagée de son enracinement corporel, et qui se trouve ainsi complètement désamorcée de sa charge explosive constituée par sa contexture affective. En effet, quand le transfert apparaît, à la fois *historiquement, chronologiquement et structuralement,* c'est comme résistance. Les implications en sont là considérables.

Dans l'*Étude sur l'hystérie,* dès 1895, Freud a noté que « le transfert est une défense contre un affect pénible en rapport avec une pulsion reprochable qui concerne le médecin. » Dans *le Cas Dora,* Freud écrit : « ... Ces transferts consistent en un nombre considérable d'états psychiques antérieurs qui revivent, non pas comme états passés, mais comme rapports actuels avec la personne du médecin. » Dans le même texte, Freud écrit encore : « La cure psychanalytique ne crée pas le transfert, elle ne fait que le démasquer comme les autres phénomènes cachés. »

Cette succession de citations a pour but de mettre en relief le caractère *dynamique* du transfert, comme *mobilisation* des *forces affectives* et *système* de *défense* contre ces forces affectives. La structure du transfert est donc essentiellement de *l'ordre de l'affectif,* c'est au niveau de *l'économique,* c'est-à-dire des mouvements de *force, d'énergie* que les choses se passent. C'est à préserver cette dimension économique qu'il s'agit de s'employer, faute de dénaturer l'action psychanalytique et les mécanismes de son efficace.

Tous les mots du vocabulaire de l'amour comportent cette connotation énergétique : le *bouleversement* du coup de foudre, *l'effondrement* de la déception, les *ravages* de la douleur, la *morsure* de la jalousie, etc. Il faut n'avoir jamais été amoureux, ou même oublier l'état subjectif de *tension* et *d'ardeur* agressive que suscite le désir sexuel chez l'homme ou chez la femme, pour faire, au niveau théorique, l'économie de ce registre.

Il est sûr que l'appareil conceptuel nous manque pour théoriser ce mouvement subjectif qui s'appelle la *joie* et *l'élation* d'une nouvelle rencontre, ou le désastre psychologique d'une rupture. On sent, physiquement, dans son corps, dans tout son être, ce surgissement de forces nouvelles que provoque l'état amoureux, ou bien alors cette faillite, ce « krach » psychologique qui résultent d'une séparation.

En introduisant la notion de « pulsion » et en formulant le concept métapsychologique d'« économique », Freud a cherché à prendre en charge cette dimension particulière de la vie psychologique et affective. Tous les problèmes, et tous les malentendus théoriques, tiennent au fait que cette vie affective, dans le quotidien comme dans la cure s'exprime dans le champ du langage et de la parole. Reste à savoir si c'est la même structure de langage qui fonctionne quand je dis « je t'aime » à une femme, ou « donnez-moi un kilo de sucre » à un épicier.

Or, la situation psychanalytique, on l'a vu, est beaucoup plus proche de la situation amoureuse que de la boutique de l'épicier. Le discours de la situation psychanalytique est un « *discours vivant* », comme l'a souligné André Green, et c'est à tenir, comme nous disons, les deux extrémités ensemble, le « symbolique » du discours, et l'« économique » du vivant, que doit s'employer un travail de théorisation qui reste fidèle à la pensée freudienne.

C'est dans cette voie que je vais maintenant m'engager pour discuter de l'éventuel statut de l'inconscient et de la signification de la psychanalyse, avec les conséquences qu'elle comporte pour le marxisme.

L'inconscient et la psychanalyse

Selon Freud, la psychanalyse a affaire à la *« réalité psychique »,* c'est-à-dire au domaine de la *subjectivité.* Une conception étroite et réductrice de la thèse matérialiste, selon laquelle « l'essence de l'homme est l'ensemble des rapports sociaux », nous a fait manquer l'étude de la subjectivité. On peut même se demander si ce n'est pas cette conception réductrice et mutilante qui a comme conséquence certaines pratiques psychiatriques que nous connaissons dans certains pays amis vers qui vont nos vœux et nos espérances, comme si de telles pratiques, pour pouvoir être mises en œuvre, devaient s'appuyer sur une théorie qui les légitime : à pratique pourrie, théorie pourrie, et réciproquement !

Venons-en à la « réalité psychique » et ses rapports avec la subjectivité.

On sent que l'enjeu n'est pas seulement théorique, il est aussi politique. Notre déclaration sur les libertés n'est pas crédible uniquement sur son énoncé, pas plus que sur son énonciation, même mille fois répétée. Ce n'est pas non plus sur nos beaux yeux qu'on nous fera confiance, d'autant plus que ces yeux sont longtemps restés aveugles, et il n'est pas sûr qu'ils soient encore suffisamment grands ouverts.

Mon postulat est le suivant : *sans théorie de la subjectivité, pas de théorie de la liberté, qui soit crédible.* L'expérience psychanalytique met donc à jour un certain nombre de données, qu'il faut coordonner ensemble dans un système théorique cohérent et dont il faut tirer les conséquences au niveau le plus général.

Ces données, quelles sont-elles ? Le caractère originaire de l'affectivité dans l'organisation de la subjectivité, les rapports étroits de la vie affective avec la sexualité, le support du langage et de la parole comme vecteur de la relation psychanalytique.

C'est la place fondamentale, et *fondatrice,* du langage dans la constitution de la subjectivité, c'est cela qui donne toute sa force et sa séduction à la formule lacanienne selon laquelle « le langage est la condition de l'inconscient ». Mais il n'est pas sûr que la psychanalyse, en tant que « Science de l'inconscient » — en prenant cette formulation à titre provisoire — soit également, et par là-même, « Science de la subjectivité ».

A mon sens, c'est beaucoup plus complexe et, d'une certaine manière, c'est tout autre chose. C'est pour cette raison que la question « qu'est-ce que la psychanalyse ? », que Lacan se pose, que les analystes sérieux se posent, et que nous, marxistes, nous devons nécessairement nous poser, c'est pour cette raison que cette question reste entière. Le danger, le danger de la réduction, qui nous guette en permanence, ce serait de se confectionner une psychanalyse sur mesure, conforme à un soi-disant « marxisme », qui servirait, en quelque sorte de Juge surprême.

Ma démarche est, au contraire, la suivante : partir de ma pratique et d'une lecture objective, sans parti pris, au *premier degré,* de l'œuvre de Freud, pour dégager le sens profond de sa découverte. Et si la « psychanalyse » ainsi dégagée dérange notre confort dogmatique, eh bien, tant pis, ou plutôt tant mieux ! Pour ma part, à l'étape actuelle du travail théorique, je préfère plutôt la souplesse, sinon le laxisme, à l'étroitesse dogmatique qui fabrique des goulags. (On ne peut pas tenir pour innocente une *certaine forme* de théorie et de théorisation de ces conséquences institutionnelles et politiques.)

Pour ma part, mon hypothèse de travail est la suivante : la psychanalyse a affaire à une *certaine dimension* de la subjectivité, son champ d'étude est partie prenante dans la constitution de la subjectivité, mais il s'agit d'en déterminer les *limites* et la *nature*. En effet, pour moi, l'inconscient constitue les *fondations* de la subjectivité : et les fondations d'une maison ne sont pas la maison tout entière.

A partir du transfert, et de son enracinement dans la vie sexuelle, on se trouve à un endroit qui me paraît stratégique pour poser une problématique qui soit au plus près du sens profond de la découverte freudienne. Le transfert met bien en lumière *l'impact de la sexualité* sur la *constitution de la subjectivité.*

Il faut bien avoir à l'esprit le caractère mixte de la sexualité humaine, *naturelle* et *sociale* à la fois, pour comprendre comment le *besoin,* quoique subverti par le *désir,* n'en est pas pour autant éliminé. C'est sans doute ce que Freud a en vue quand il parle de *l'étayage* de la pulsion sur la *fonction,* l'étayage des pulsions partielles de la sexualité sur les grandes fonctions d'autoconservation. Quand C. Levi-Strauss affirme : « Que la sexualité est une amorce de la vie sociale dans la nature, parce que, de tous les instincts, l'instinct sexuel est le seul qui ait besoin d'autrui pour être stimulé », il ne fait pas autre chose que de souligner le caractère mixte, originairement, de la sexualité humaine. Quand il écrit que : « Les règles de la parenté et du mariage sont l'état de société lui-même, remaniant les relations biologiques et les sentiments naturels, leur imposant de prendre position dans des structures qui les impliquent en même temps que d'autres et les obligent à surmonter leurs premiers caractères », il met à jour une problématique où les rapports du « biologique » et du « social » se trouvent *médiatisés* par l'organisation de la relation entre les sexes, c'est-à-dire la structure de parenté.

C. Lévi-Strauss montre bien comment la sexualité humaine est, comme il dit, la « rencontre dramatique entre la nature et la culture », comment la société, « en s'imposant à l'ordre naturel », donne en même temps « à l'ordre naturel sa chance ». Il dit encore : « ... pour sauvegarder la perpétuité sociale de l'alliance, on doit se compromettre avec la fatalité de la filiation, c'est-à-dire, en somme, de *l'infrastructure biologique de l'homme.* » Ainsi, les règles de la parenté « remanient les relations biologiques et les sentiments naturels, en leur imposant de prendre position dans des structures ».

C'est ce que Freud, à sa façon, problématise quand il dit que la « civilisation » — c'est-à-dire la culture, l'ordre du social — est fondée sur la « répression des instincts ». Ce qui peut apparaître comme une formulation métaphysique et naïve doit, au contraire, être pris dans toute sa complexité et son essence contradictoire : cette problématique cherche, à mon sens, à montrer la « nature », c'est-à-dire le « biologique », à l'œuvre dans la « culture », du fait du caractère constitutivement et originairement mixte de la sexualité humaine.

Prendre acte de l'origine animale de l'homme, aussi désastreusement naïf que puisse être une telle formulation, c'est la meilleure façon à mon sens, de prendre en charge l'affectivité dans ce qu'elle peut avoir de foncièrement corporel et viscéral.

André Green dit à propos de l'affect qu'il est « la chair du signifiant, et le *signifiant de la chair* ». C'est la seule façon d'introduire et de prendre en charge ce facteur économique qui est constamment à l'œuvre tout au long d'une cure psychanalytique. La socialisation de l'être humain est un processus continu, et *infini.* C'est dans cette perspective que j'ai formulé comme hypothèse que la psychanalyse rendait compte du processus d'*« hominisation de la sexualité »*. C'est ce que C. Lévi-Strauss a en vue quand il parle du « remaniement des relations biologiques ».

Sans la prise en charge du facteur économique, qui est le moteur de la vie affective, on ne peut pas rendre compte du « passage à l'acte », tel qu'il se traduit dans le *crime,* le crime passionnel ou le crime crapuleux, et le *suicide,* le suicide mélancolique ou dans certains accès dépressifs. Il faut rendre compte de la totalité du champ psychanalytique, où le *sens,* et la *force,* qui sont deux données totalement hétérogènes sont constamment en action.

En introduisant la notion de « *pulsion* », Freud a proposé un concept qui puisse rendre compte à la fois du caractère « dénaturé » de la sexualité humaine, ce que J. Laplanche appelle la « dequalification de l'instinct », en même temps que son enracinement biologique. L'étayage de la pulsion sur la fonction est exprimé par Lacan dans la formule suivante : « L'intersubjectivité acéphale, l'intersubjectivité présubjective. »

En ce sens, on peut dire que la « pulsion » et l'affectivité ouvrent un espace *prédiscursif,* d'avant le langage, et que l'organisation des significations par le langage va donner émergence à la dimension strictement subjective de la sexualité, c'est-à-dire le *désir.* Quand Lacan affirme : « La psychanalyse ne touche à la sexualité que pour autant que, sous la forme de la pulsion, elle se manifeste dans le défilé du signifiant », il cherche bien à montrer *comment se fait le passage de la pulsion au désir par l'intermédiaire du langage.* Malheureusement, il ne prend pas en charge toutes les implications de sa démarche, du fait d'une conception *désincarnée* de la nature de la pulsion.

On voit, que c'est par toute une série d'approximations, par une approche en « collage » en quelque sorte, que j'essaie de mettre au point cette problématique centrée sur le caractère mixte de la sexualité humaine. A mon sens, la psychanalyse ne parle pas d'autre chose : à savoir, *comment l'univers « pulsionnel »,* issu du fond animal de l'être humain, et tout particulièrement la sexualité et l'agressivité, *subit les effets de la socialisation,* c'est-à-dire une « répression » (entre guillemets) dont le *langage est la contexture,* grâce à quoi le « pulsionnel » peut s'exprimer d'une façon détournée, et socialement légitimée, par le mot d'esprit par exemple. L'organisation du mot d'esprit implique, elle aussi, une dimension « économique ».

La *socialisation de la sexualité* s'opère dans le cadre de la structure de parenté : ce sont ses *effets* qui s'organisent pour constituer ce qu'on appelle *l'inconscient.* L'existence de la sexualité infantile est impliquée dans ce processus de « socialisation-hominisation » de la sexualité. Du fait de son caractère mixte, la sexualité humaine est, en quelque sorte, à l'origine, à l'état « *sauvage* ». C'est *l'élevage,* dans le cadre de la structure constituée par les deux parents de sexe opposé qui va contribuer, en donnant émergence aux *pulsions* partielles, à donner à la sexualité sa dimension humaine, c'est-à-dire subjective. C'est en ce sens qu'il faut comprendre la formule de Freud relative à la « *réalité psychique* » : comme constituée de « *désirs inconscients* », ayant une forme d'existence particulière et une consistance toute aussi « réelle », si l'on peut dire, que celle de la « réalité matérielle », tout en étant radicalement différente.

Pour spécifier ce caractère particulier de cette « réalité psychique », son statut paradoxal de n'exister que par ses effets, Lacan dit de l'inconscient « ce n'est ni être, ni non-être, c'est du non-réalisé ». Mais lorsque Lacan donne témoignage de l'existence de l'inconscient, quand, dit-il : « Dans une phrase prononcée, écrite, quelque chose vient à trébucher » et qu'il souligne encore ces failles subites du discours par les mots « achoppement », « défaillance », « fêlure », il semble que pour lui, ces défaillances du discours portent en elles-mêmes leur cause. Comme il dit : « Il n'y a de cause que ce qui cloche. » Or, l'inconscient freudien, à mon sens, n'est pas dans le mouvement qui désorganise le discours : il est ailleurs, il vient de loin, si l'on peut dire, parce que la « défaillance » est toujours portée par une défense contre une pulsion qui n'a pas d'autre issue pour s'exprimer que par cette déformation insolite du discours.

Une patiente, en difficultés conjugales, me dit que son mari lui téléphone souvent pour essayer de regagner ses faveurs. Sa phrase trébuche : elle ébauche un « il déco...phone », « il téléphone » ; un peu comme si elle avait voulu dire : « Il déconne au téléphone. » Cette « défaillance » du discours est portée par une pulsion agressive qui a de la difficulté, de toute façon, à émerger.

Toute la difficulté théorique est là : faire se supporter, *en trois dimensions,* ce qui s'exprime, dans le discours, en *deux dimensions.* Le patient me parle : c'est un discours en deux dimensions : l'« ici », et le « maintenant », de la relation thérapeutique. La troisième dimension est celle de la *« profondeur »,* c'est-à-dire celle du passé, qui, d'une façon ou d'une autre, doit surgir dans le présent, du fait de la relation transférentielle.

Le paradoxe épistémologique tient à cette mutation théorique : il faut tenir compte, simultanément, et de la *genèse* et de la *structure* : la genèse est, en même temps, organisation, c'est-à-dire, et c'est là la mutation théorique, il faut donc transformer le *temps* (passé) en un *espace* (fictif : le *temporel* devient du *spatial,* la genèse devient structure). C'est ainsi qu'on peut expliquer la nécessité d'une *« topique » : c'est-à-dire l'organisation dans un espace fictif des diverses étapes d'une histoire qui a déjà eu lieu.* C'est la postulation de cet « espace fictif » qui permet de donner sens au discours du patient.

Mais cette vision trop « géologique » de la psychanalyse porte en elle-même un grave malentendu : c'est le risque de méconnaître le système de forces qui est à l'œuvre, c'est-à-dire de privilégier l'élément « topique » et l'élément « dynamique » au détriment de l'élément « économique ».

Le problème plus général est de savoir *s'il ne faut pas accepter toutes les contradictions et les apories de la psychanalyse,* faute de risquer, par souci d'articuler un discours homogène, des réductions qui émasculent la pensée freudienne. Beaucoup de notions freudiennes ont une connotation « énergétique » : refoulement, résistance, libido, etc. Il s'agit plus que de simples métaphores ou de commodités conceptuelles. Le terme de « pulsion », lui-même, le *Trieb,* à la place de l'Instinct est lourd de conséquences théoriques et épistémologiques.

Les livres de Freud, où la « signification » apparaît comme mise en exergue : *l'Interprétation des rêves, Psychopathologie de la vie quotidienne, le Mot d'esprit dans ses rapports avec l'inconscient* n'en sont pas, pour autant, délivrés de la dimension pulsionnelle. Au contraire, c'est l'existence de « l'organisation signifiante » qui fait obligation à Freud d'en étudier non seulement la *logique,* mais *l'origine.* S'il y a « signification », s'il y a « message codé », c'est en vertu de la « censure » qui « caviarde », comme il dit, mais pas n'importe quoi : en fait, tout ce qui émane de l'univers pulsionnel et que la conscience ne peut pas prendre en charge.

Le livre *les Trois essais sur la théorie de la sexualité* que beaucoup de lacaniens, y compris Lacan lui-même, ont laissé tomber dans les oubliettes de la désinvolture intellectuelle, ce livre fait suite aux préoccupations concernant la sexualité telles qu'elles lui sont apparues dans l'étude des rêves. Ce n'est pas hasard, ni fantaisie, ni par délassement comme on l'a dit, que cet ouvrage est mis en chantier simultanément avec celui sur le « Mot d'esprit ». Ça aussi on l'oublie trop souvent. Il y a entre les deux ouvrages des correspondances qui n'ont rien de secrètes : dans l'un, le pulsionnel est étudié dans son *origine* et son *organisation,* dans l'autre, il est étudié dans *les modalités du détournement de ses effets.* En bref, si l'homme n'était pas « un animal en proie au langage », comme le dit justement Lacan, il n'aurait ni le besoin, ni la possibilité de faire des « mots d'esprit ». L'expression « *un animal en proie au langage* » je la prends, pour ma part, rigoureusement à la lettre.

J'ai, volontairement, donné un tournant « anthropologique » à mon exposé. Je ne vois pas pourquoi « l'homme », malgré sa place privilégiée dans l'échelle animale, ne pourrait pas être « objet » d'investigation scientifique.

C'est à vouloir méconnaître en quoi consistait cette « humanité » de l'homme, en se contentant de la paraphrase des citations de Marx que tout un champ de la connaissance nous a échappé. Ce refoulement théorique n'a pas été sans retombées : ce « retour du refoulé » s'est traduit dans un « humanisme » à l'optimisme naïf et dangereux où, durant le temps où « l'homme était le capital le plus précieux », selon la belle expression de qui vous savez, celui-là même qui en était l'auteur monopolisait la pensée théorique et politique dans un système théologique dont nous subissons encore les effets.

En tant que chercheur « marxiste », notre recherche n'est ni innocente, ni désintéressée. Les marxistes prétendent à maîtriser l'histoire, par la connaissance de ses lois : c'est ce que nous appelons avoir une politique scientifique. Mais, si tout un pan du réel nous échappe, cette maîtrise n'est-elle pas illusion, et cette illusion, n'est-elle pas alors dangereuse ?

Octobre 1977.

Imaginaire collectif, inconscient individuel

(Le processus idéologique à la lumière de la psychanalyse)

La pensée marxiste est constitutivement familière de la *notion* d'idéologie. C'est le *processus idéologique,* dans son mouvement, dans sa dynamique spécifique qu'il m'intéresse d'examiner, dans la mesure où la notion concerne le *système de représentations* (déjà) constitué, tandis que le processus exprime le passage — dans les deux sens — du collectif à l'individuel, et de l'individuel au collectif.

Ce qu'il m'intéresse d'examiner, c'est comment l'idéologie *travaille* l'individu, et comment ce qu'il peut y avoir de spécifique dans la constitution de l'individu travaille au niveau de l'idéologie. Il y a déjà, évidemment, sous-jacent à ma démarche, un certain parti pris, qu'il faudra justifier et argumenter, qui est le suivant : il n'y a pas de courant à *sens unique* qui irait de l'idéologie vers l'individu, pour l'assujettir ; il y a aussi un autre mouvement, à *sens inverse,* qui concerne le rapport entre les mécanismes de constitution de l'individu, comme *individualité psychique,* et les systèmes idéologiques.

C'est ce double mouvement, dialectique, que j'appelle processus idéologique et que je me propose d'examiner.

Je m'en tiendrai à une définition, étroite, spécifique de l'idéologie, comme conscience fausse, fausse conscience, *méconnaissance.* En ce sens, il existe un *inconscient idéologique,* comme processus de méconnaissance, « par le soi-disant penseur » (comme le dit Engels) « des forces motrices véritables qui le mettent en mouvement », comme il y a un *inconscient psychologique* comme processus de méconnaissance « des forces motrices véritables » (on peut reprendre l'expression d'Engels presque mot à mot) « qui mettent en mouvement » la vie affective de l'individu.

Ce sont là des formulations approximatives, provisoires, que je me propose de préciser plus loin. Mais c'est surtout l'occasion de résumer ma problématique sous le chef du *rapport entre inconscient idéologique et inconscient psychologique.*

Il va de soi que ces préoccupations ne sont pas gratuites : leurs motivations sont, à un certain niveau, essentiellement *politiques.* En deçà de cette finalité « politique », il y a certainement d'autres motivations, plus personnelles, plus affectives, qui vont apparaître et s'éclairer dans le mouvement même de ce travail.

Les préoccupations politiques peuvent se résumer de la façon suivante : *une meilleure compréhension du processus idéologique ne peut-elle pas aboutir à un affinement de notre analyse politique et à un enrichissement de notre pratique politique ?* C'est à la fois une évidence, mais aussi, peut-être, en même temps, un projet ambitieux. Nous verrons ça en cours de route.

Pour être plus précis, il s'agit du double projet suivant : 1) mettre à l'épreuve du contexte politique actuel certains concepts psychanalytiques retravaillés dans leur usage pour la compréhension du processus idéologique ; 2) faire une étude du Parti communiste français, non pas comme entité politique, non comme organisation politique, mais comme organisme structuré par des rapports interpersonnels, c'est-à-dire comme « *institution* ».

Je serai amené à avancer quelques hypothèses de travail et à donner un contenu conceptuel différent à certaines notions utilisées différemment. C'est ce que j'appelle forger un appareil conceptuel spécifique, c'est-à-dire retravailler certains concepts et certaines notions pour justifier leur transplantation dans un nouveau domaine.

Une problématique difficile

J'entre dans le vif du sujet en essayant de formuler ma problématique centrale : peut-on repérer au niveau des processus idéologiques, qui sont de l'ordre du collectif, du champ social, des éléments appartenant au niveau de l'inconscient individuel ? En d'autres termes, le domaine des sentiments, des passions humaines, de l'affectivité, qui ressort habituellement de l'étude de l'individu, ne peut-on pas en retrouver le reflet ou l'expression au niveau des grands mouvements collectifs ?

J'adopte volontairement, *par parti pris polémique,* ces formulations où les mots « passion », « affectivité », « sentiments » sont mis en exergue. C'est toute une *conception de l'être humain* que j'engage ainsi, corrélativement à l'affirmation d'une certaine *conception de la psychanalyse.*

Ainsi posée, cette problématique est insuffisamment rigoureuse et insuffisamment complète. En fait, tout mon exposé sera, en quelque sorte, la mise en place, devant vous, des diverses questions que je me pose et dont l'organisation particulière doit constituer ma problématique.

Mon postulat de départ est la prise en considération de l'autonomie du psychique, conçue dans sa *dimension affective,* avec, comme postulat encore plus fondamental, la relation de dépendance et de constitution de la *vie affective,* par rapport à la *sexualité.*

La mise en exergue de la sexualité comme sphère constitutive et constituante de l'affectivité est aussi un parti pris polémique. Ce n'est que sur ces bases-là qu'on peut avoir — à mon sens — un point de vue juste, *non réducteur,* quant à la nature de *l'inconscient psychanalytique.* Et c'est cette conception même de la nature de l'inconscient qui va conditionner l'étude de ses rapports avec « l'inconscient idéologique ».

Je ne veux faire ni un résumé ni un schéma des thèses freudiennes relatives à l'existence d'*un* inconscient. Mais il me semble important dès ce point de départ d'annoncer que je m'efforcerai d'éviter deux écueils, qu'on peut, en paraphrasant la terminologie politique, décrire ainsi : 1) l'un, *de droite,* qui biologisant à l'excès l'inconscient en vient à considérer les phénomènes sociaux comme une espèce de somme arithmétique des déterminations individuelles, négligeant ainsi la structure des rapports sociaux, notamment l'existence des classes sociales et de leurs antagonismes ; 2) l'autre *« gauchiste »,* qui consiste à socialiser, si je puis dire, l'inconscient à l'extrême, négligeant ainsi la spécificité du psychique qui devient ainsi le « reflet » des conditions socio-historiques, soumis plus ou moins directement à leur temporalité et à leur rythme. Cette confusion entre le rythme des transformations historiques des formations sociales et celui — beaucoup plus lent — de l'évolution au niveau individuel (des *« mentalités »* justement) est source de beaucoup de déboires et d'erreurs politiques.

La position que je vais essayer de défendre est source de beaucoup de difficultés, de contradictions, voire même d'impasses, qu'il me semble important d'assumer, sous risque de tomber dans un *sociologisme réducteur,* qui est, malheureusement, la maladie chronique de la recherche marxiste dans beaucoup de domaines des sciences humaines et sociales.

Les problèmes de la nature de l'inconscient

J'en viens au problème de la nature de l'inconscient. Pour dire les choses un peu vite, on peut énoncer que l'existence de l'inconscient est liée à la prégnance de l'infantile chez l'être humain, à la force d'attraction de l'infantile chez l'homme. Alors que l'animal, devenu adulte, n'a pas d'histoire, pas de passé, il n'a plus d'enfance, sinon le « passé » ou « l'histoire » que nous lui imposons par notre dressage, l'être humain est éternellement assujetti à son passé, à son histoire, et toute sa destinée est résumée dans ce conflit, cette lutte entre la force d'attraction du passé, et la nécessité sociale d'être poussé en avant par des projets pour l'avenir. Paradoxalement, ce passé, si actif dans le présent, n'existe plus : contrairement aux ruines de Pompéi qui sont du *« passé-présent »,* l'histoire infantile est du *« passé-passé »*.

Mais l'expérience clinique, comme l'expérience de la cure analytique, montre l'existence de ce « passé » par ses *« effets à distance »* (dans le temps) présents dans les symptômes, traits de caractère, inclination amoureuse ou professionnelle, et dans des manifestations plus spécifiques comme le rêve, lapsus, acte manqué, etc.

L'expression « histoire infantile » est évidemment une façon de parler. C'est pour mettre l'accent, d'une façon à la fois simpliste et imagée, sur la force des *tendances régressives* chez l'être humain, considération importante qu'il faudra reprendre en charge à propos des implications qu'elle comporte dans le domaine politique.

En fait, l'inconscient, c'est *plus* et *autre chose* que « l'histoire infantile ». Mais je vais encore essayer de procéder par approximation. On sait, par exemple, que plus un apprentissage est précoce (dans certaines limites) et plus il est facile à assurer et à conserver. On sait aussi — c'est une expérience banale et la matière première ordinaire de tout le champ du romanesque — que plus une « expérience » est précoce, plus elle « nous marque », comme on dit. Eh bien ! on pourrait dire que l'inconscient est le résultat de ces « marques » laissées par des expériences très anciennes, ayant un caractère privilégié, pour des raisons qui restent à expliciter. C'est ce qu'on peut déjà thématiser par l'expression : *« expériences relationnelles privilégiés.* » Mais il reste néanmoins à discuter cette notion de « marques », d'« expériences très anciennes ayant un caractère privilégié ».

Je ne veux pas rentrer dans le détail de tous les problèmes théoriques ou épistémologiques que soulève l'existence de l'inconscient freudien. Je développerai seulement quelques thèmes utiles au développement de ma problématique.

Quelles sont « les traces de ces expériences relationnelles privilégiées », et en quoi, et comment, constituent-elles l'inconscient ? Toujours pour faire vite, on dira que l'existence de l'inconscient est liée à *l'émergence de la sexualité,* dans le cadre de la structure parentale bisexuée. En gros, disons que la tâche essentielle de tout être humain est de faire coïncider le sexe psychologique avec le sexe biologique : la *psychanalyse a affaire au procès d'assomption psychologique du sexe,* aux différents processus et modalités par quoi adviennent et se réalisent le *désir masculin* et le *désir féminin.* L'inconscient est le *lieu* (fictif, mais fonctionnel) de constitution du désir.

Voyons toutes ces choses d'un peu plus près. Et ce n'est pas là une formule de réthorique, car « voir toutes ces choses de plus près », cela conditionne toute la conception relative à la nature de l'inconscient. On sait que l'émergence de la sexualité procède par *étayage* des « pulsions » sexuelles, « pulsions partielles », au niveau des grandes fonctions vitales d'autoconservation.

C'est par l'intermédiaire des soins, manœuvres, attentions, attitudes, etc., de la nourricière (la mère) nécessités pour la survie et l'élevage du nourrisson et du petit enfant que vont prendre *fonction* les zones érogènes, celles qui sont spécifiques : orales, anales, génitales, etc., et d'autres mises en route par les caresses, attouchements, baisers, etc., tout cela va constituer une sorte de *géographie sexuelle,* c'est-à-dire un ensemble de *sources d'excitation* d'origine *corporelle.*

Ces sources d'excitation, qui constituent, en quelque sorte, l'irruption, de l'extérieur (à partir du « désir » des parents, mais là aussi il s'agit d'une formule approximative), l'irruption donc de la sexualité au sein du psychisme infantile va donc constituer toute une série de « *signifiés* » à l'état brut, sous la forme de cette « *énergie d'excitation* » dont les « signifiants » vont contribuer à la constitution de l'inconscient proprement dit.

L'inconscient est ainsi constitué de « représentations », de contenu très divers, sous forme d'images, de schèmes perceptivo-moteurs, de représentations auditives, etc., c'est-à-dire un univers complexe et baroque fait de collages disparates qui sont les reliquats *psychiques* de ces « expériences d'excitation », représentations *refoulées,* d'une part, parce qu'il n'existe encore aucun contexte qui puisse leur donner sens, et, d'autre part, parce que manque l'appareillage physiologique (la maturation sexuelle) qui pourrait permettre leur mise en œuvre. Leur impact, leur force tient aux « *expériences de satisfaction* » vécues par le nourrisson ou le petit enfant, et c'est l'association de ces « expériences de satisfaction » à des morceaux informes et disparates du contexte et de l'environnement affectif du moment : couleurs, odeurs, sons, mouvements, etc., qui donnent à ces morceaux informes de l'environnement, la dignité de « *signifiants* », c'est-à-dire de « représentations inconscientes ».

Qu'on ne se méprenne pas, au passage, sur l'utilisation de ces notions d'allure lacanienne : cette utilisation est, pour mon compte, purement opératoire et elle n'emporte aucune conséquence théorique.

Ainsi se constitue la *spécificité pulsionnelle et fantasmatique* de chaque être humain, qui est à la base de sa spécificité érotique. Mais c'est la reprise de ces *phases prégénitales* dans *l'organisation œdipienne* qui va décider définitivement de l'orientation psycho-sexuelle du désir. C'est cet *accrochage d'une excitation* non spécifiée, mais de nature sexuelle, libidinale, c'est-à-dire *source de plaisir,* à une « *représentation* » qui constitue le passage de la « pulsion » au désir.

Voilà donc un résumé ultra-rapide et ultra-condensé de la problématique freudienne relative à l'inconscient. Ce qu'il faut retenir c'est : l'inconscient est sexuel, il est construit de « représentations » disparates issues d'excitations corporelles produites par les soins nécessités par les conditions même de l'élevage. Les « excitations », en tant que telles, n'existent plus. Seules subsistent leurs « traces » en tant qu'elles sont associées à des lambeaux d'expériences relationnelles qui persistent sous forme de « représentations » refoulées.

Sont importantes à prendre en considération, pour le propos qui nous occupe, deux notions fondamentales : 1) la notion de « *pulsions* », comme expression psychique des excitations d'origine interne et liées à leur nature sexuelle et libidinale ; 2) la notion de « représentation » comme « représentant-représentatif » de la « pulsion » au niveau de l'inconscient.

A ce point de mon développement, on peut se poser une question : et *le langage dans tout ça ?* On sait que le langage est constitutif du *procès de subjectivation de l'individu.* Il est donc partie prenante dans le procès de constitution du désir, comme dimension subjective de la sexualité. Mais l'organisation « signifiante » des expériences relationnelles privilégiées, par quoi va se constituer un réseau de « représentations » inconscientes, liées à des expériences d'excitation, cette organisation est indépendante du langage, antérieure à son apparition qui va, *après coup,* complexifier et réorganiser le système de « significations » primitif.

Ainsi *l'inconscient freudien* a-t-il affaire à la subjectivité, essentiellement et uniquement dans la *constitution du désir,* en quelque sorte au niveau de la *préhistoire* ou de *l'archéologie.* Si on veut employer l'expression « sujet », on dira qu'il s'agit là du *sujet-du-désir,* un point c'est tout.

Apparemment, dans cette exploration archéologique et spéléologique de la constitution du désir, dans cette étude de l'individu aux prises avec son entrée dans l'univers libidinal, nous sommes loin de l'idéologie, des bruits et des fureurs de la vie sociale et de son histoire. C'est vrai, et c'est maintenant que se posent les « vrais » problèmes. Nous avons en main un certain nombre de données : les rapports de la subjectivité et du langage, les relations entre la pulsion et le désir, l'inconscient comme système constitué de « représentations », déléguées d'excitations éteintes, pour ne prendre que les plus essentielles. Comment les utiliser pour mettre au point la problématique qui est la nôtre.

Dans un cas, nous avons affaire à la *méconnaissance* par le sujet des déterminations (inconscientes) de son désir. Dans l'autre cas, nous avons affaire à la *méconnaissance* par le sujet de son rapport à ses conditions sociales et historiques d'existence.

Cette *double méconnaissance* est constitutive du sujet humain. Du fait même de l'existence de la subjectivité, le sujet humain est voué à la méconnaissance, puisqu'il lui est nécessaire de « se représenter » son vécu immédiat par autre chose que ce vécu immédiat, c'est-à-dire par un « système de significations ». L'individu humain doit se soustraire à l'immédiateté du vécu cénesthésique en se donnant un substitut, pour accéder au statut de sujet, grâce à l'accès au langage. Dans ce mouvement qui consiste à se déprendre du vécu immédiat, se constitue la subjectivité et, par là même, donne la prise aux diverses identifications qui vont constituer le *« moi »*. Le sujet humain est donc *constitutivement voué à l'imaginaire.*

« Méconnaissance », « imaginaire », « système de représentations », voilà la *matière première de l'idéologie.*

Nous aurions ainsi un double processus de causalité, dans l'existence de l'idéologie : l'un, lié à la structure même de la subjectivité et à l'existence du « moi » comme instance imaginaire ; l'autre, lié à l'aliénation de l'individu par rapport aux forces naturelles qui le dépassent et le dominent.

Avant d'aller plus loin, je vais essayer de formuler un peu différemment ces mécanismes de constitution du psychisme, dans sa dimension affective et sexuelle, ce qui va permettre l'introduction d'autres notions, qui auront un caractère opératoire pour la suite de son développement.

L'hypothèse de départ est relative à la notion de « pulsion » comme « *force* » *d'attaque interne* vis-à-vis de laquelle se constituent des « *contre-forces* » *de défense,* ce qui conduit à l'idée du psychisme organisé sous forme « *d'instances* » dont l'équilibre mutuel conditionne l'équilibre psychologique. On peut aussi faire appel à la métaphore du « *puzzle* », constitué de pièces maintenues en cohésion entre elles par des forces centripètes en équilibre contre des forces centrifuges, qui, si elles l'emportent, mettent en péril la « santé mentale ».

Toute cette problématique est fondée sur la notion « *d'intériorisation* » de la relation aux parents, suivant un dispositif de forces spécifiques selon qu'il s'agit de la mère ou du père. (C'est ce procès d'intériorisation qui produit ce qu'on appelle communément les « *images* » parentales, ou *imagos*.)

Ainsi, l'autonomie du psychisme, dans la sphère affective, peut être considérée sous la forme d'un système d'autorégulation, en équilibre instable et dynamique, entre « forces » internes et « contre-forces », « forces » internes issues de l'excitation pulsionnelle et « contre-forces » organisées à partir de l'intériorisation des nécessités de l'environnement affectif. Il s'agit là d'un modèle approximatif, pour faire état de l'existence des *instances intrapsychiques,* sans entrer dans les problèmes théoriques complexes que pose un tel modèle, que j'utilise essentiellement pour faire apparaître, en contrepoint de la notion d'intériorisation, celle de « *projection* ».

La notion la plus opératoire, du point de vue qui nous intéresse ici, c'est l'instance appelée « *Idéal-du-Moi* ». L'Idéal-du-Moi est un système de « contre-forces » qui se constitue par l'intériorisation de la relation aux parents et aux éducateurs, dans la dimension où ils sont posés en « modèles » et en porteurs d'idéaux. Inversement, l'Idéal-du-Moi va servir de support aux *identifications mutuelles* qui sont au principe de la formation et de la cohésion d'un groupe.

Ainsi, l'Idéal-du-Moi fonctionne bien selon la dialectique intériorisation-projection qui règle, au *niveau imaginaire,* les rapports de l'individu avec la collectivité. Or, notre problème fondamental est bien celui-ci : comment l'idéologie *s'empare-t-elle de l'individu* (et des individus), sur quoi *engrène-t-elle* pour les faire marcher.

L'imaginaire en politique

Ainsi, nous abordons les *implications politiques* qui sont contenues dans la mise en place de cette problématique inconscient idéologique-inconscient individuel. Notre conception traditionnelle de l'*« effet idéologique »* est une conception pour ainsi dire *pédagogique.*

C'est parce que le pouvoir détient les *mass media,* qu'il a la possibilité d'inculquer, massivement, ses *mensonges* qui viennent donner un contenu de fausses connaissances à la méconnaissance constitutive de l'idéologie, c'est-à-dire à la *« représentation » du rapport imaginaire des individus à leurs conditions réelles d'existence.* A cette pédagogie *du* et *par* le mensonge, il faut opposer une *pédagogie de et par la vérité.*

C'est à quoi s'emploie ce que nous appelons notre *propagande politique,* qui adapte ses mots d'ordre selon le niveau de conscience (politique) et le milieu socioprofessionnel auquel elle s'adresse. Mais cette pédagogie directive ne tient pas compte de *l'effet de distorsion* qui est constitutif du processus idéologique. Il ne suffit pas d'affirmer que deux et deux font quatre, et que ce soit vrai, pour être assuré que cette assertion sera entendue et acceptée comme telle.

L'effet de distorsion n'est pas seulement provoqué par l'énorme appareil de désinformation manipulé par le pouvoir. Il est constitutif du processus idéologique dans la mesure où le discours politique arrive aux individus nécessairement *réfracté,* à de multiples niveaux, par diverses *couches d'imaginaire* pourrait-on dire, imaginaire secrété, en quelque sorte, par les différents groupes ou collectivités auxquels appartiennent ces individus.

Ce qu'on appelle la « *mentalité* », précisément, c'est le *discours mythologique* spécifique à chaque groupe social. On parlera ainsi de la « mentalité » du petit commerçant, du médecin, de l'ouvrier spécialisé, de la femme au foyer, etc., c'est-à-dire le discours mythologique par lequel chaque individu de tel ou tel groupe « *s'explique* » ses conditions d'existence et se *justifie* quant à ses attitudes, son comportement, ses idées, etc. L'expression « discours mythologique » traduit la nature idéologique du phénomène, mais ne doit faire sous-estimer la *force structurante de l'imaginaire,* qui constitue ainsi les individus au plus profond de leur être. Ce sont des nécessités psychologiques profondes qui instituent ce rapport imaginaire à leur groupe, dans la mesure où la personnalité se construit précisément par l'intermédiaire et le moyen d'une *succession d'identifications.*

C'est ainsi que l'Idéal-du-Moi se construit sur le modèle d'identifications multiples, en fonction des différents groupes auxquels appartient l'individu, et, surtout, en fonction du groupe que l'individu est appelé à privilégier. Celui-ci, ce groupe privilégié, sera celui où l'individu rencontre ses *intérêts affectifs les plus importants,* intérêts affectifs qui ne coïncident pas toujours avec ses *intérêts matériels objectifs.* Mais, inversement, l'individu se structure dans son groupe socioprofessionnel, par son rapport imaginaire à celui-ci, en l'organisant au niveau fantasmatique d'une façon telle qu'il peut y puiser la *nourriture narcissique* dont il a besoin.

Ce qu'on appellera « rapport imaginaire », « dimension fantasmatique », « nourriture narcissique », etc., il faut le concevoir sur le *registre de l'affectivité,* dans la mesure où l'identification est la forme première de l'attachement affectif, ce qui met l'affectivité au principe même de la construction de la personnalité. Ainsi, le discours politique ne fonctionne pas — pas seulement — par son contenu « pédagogique » explicite, mais par la *doublure fantasmatique* qu'il met en œuvre nécessairement dans sa rencontre avec l'imaginaire des individus et des groupes auxquels ils appartiennent.

Dans un premier temps, on peut dire que la pratique sociale des individus, par exemple le chômage, la fiscalité, l'insécurité, etc., perd ses effets de réalité objective au bénéfice de ses incidences imaginaires. C'est à ce niveau que le discours politique dominant prend appui.

Un certain courant de la pensée contemporaine, exploitant certaines intuitions importantes de Wilhelm Reich, introduit la notion de « *désir des masses* » comme opérateur idéologique faisant la jonction entre l'inconscient collectif et l'inconscient individuel. Je n'ai pas la place, ni le temps, de faire l'analyse critique des solutions apportées par les recherches de Deleuze-Guattari, ou celles en rapport avec la problématique du « pouvoir » conduites par M. Foucault. (On peut simplement regretter notre retard dans ce domaine...) Pour ces auteurs — je résume — l'idéologie dominante rencontre le « désir des masses », qui consiste en « désir » de se faire botter les fesses ou de se faire prendre en charge, ce « désir » étant déjà préexistant du fait des mécanismes d'inculcation, mis en œuvre par la structure même des grandes institutions chargées d'assurer le *relais* entre les appareils d'État et les individus, notamment l'école et la famille.

C'est évidemment faire l'impasse sur la *complexité contradictoire* de ces « appareils idéologiques », et c'est, surtout, faire l'impasse sur la structure des rapports de production, qui crée une relation fondamentalement *dissymétrique* entre le possesseur des moyens de production et celui qui lui vend sa force de travail. Je ne veux pas rentrer dans le détail de ces problèmes, ce qui nous mènerait trop loin. Mais il faut signaler, et souligner, que ces auteurs ont mis le doigt sur une problématique importante, dont on ne peut plus faire l'économie, quitte à la formuler différemment.

La « notion » de « désir des masses » renvoie à l'idée d'un *« imaginaire collectif »* constitué par un ensemble structuré de *systèmes de représentations,* par lesquels les individus vivent leur relation à leurs conditions matérielles d'existence. La société n'est pas un immense sujet collectif, pas plus qu'elle n'est réductible au système des diverses classes sociales liées entre elles par leurs antagonismes originaires. En deçà, et à l'intérieur, des groupes socioprofessionnels et des classes sociales qui en constituent l'armature, existent une infinité de sous-groupes d'une extrême et innombrable diversité, qui sont à la fois l'expression, *la mise en actes,* de l'imaginaire d'un milieu donné, qui fonctionne comme système de cohésion de ce milieu.

Ainsi, chaque *institution imaginaire,* doublure fantasmatique de tel ou tel groupe, selon sa finalité déterminée, fonctionne à la fois comme *expression* de — et comme *protection contre* — la *tendance régressive* constitutive de tout individu, et groupement d'individus. L'idéologie dite dominante *actualise* et *thématise* cette tendance régressive, en modulant ses thèmes selon les circonstances. Cette tendance régressive tient à la force d'attraction de l'infantile, force telle que tout groupement d'individus la *favorise* et la *métabolise* en même temps, l'Idéal-du-Moi tenant lieu alors de *régulateur,* en tant qu'il fonctionne comme facteur de constitution et de cohésion du groupe.

Le discours dominant tient alors sa force de conviction au fait qu'il favorise les forces de cohésion, en mettant en exergue diverses « valeurs » collectives : la solidarité nationale, le consensus, l'austérité au service du redressement du pays, etc. Ainsi, le discours dominant ne tire pas sa force du « désir de soumission » ou du « besoin de sécurité », comme l'affirment certains auteurs qui tentent une incursion psychanalytique dans le champ du politique : les mécanismes d'action sont beaucoup plus complexes.

Le discours idéologique tire sa force de persuasion en tant qu'il fonctionne comme « thérapeutique » d'apaisement des conflits intrapsychiques, conflits constitutifs de toute la vie psychologique et affective, en mettant en avant des thèmes qui règlent, *au plan imaginaire,* les conflits de classes : par exemple, la participation, la cogestion, etc. C'est-à-dire que le discours idéologique tend à effacer les conflits de classes, en substituant à la réalité des antagonismes de classes, *encore plus et autre chose qu'une réconciliation imaginaire.* Il *déqualifie les conflits de classes* en leur substituant d'autres antagonismes moins onéreux au point de vue politique, et qui ont pour effet de consolider l'unité narcissique de l'individu.

Chaque fois il s'agit de renforcer le rapport imaginaire à la collectivité conçue comme groupe, comme *institution imaginaire,* soit en la globalisant : la « patrie », la « race », par exemple, soit au contraire en la parcellisant : l'équipe de football, ou tout autre petit groupe fortement investi au point de vue affectif par l'ensemble de la collectivité. Ainsi, le processus idéologique n'est pas un phénomène global et amorphe : c'est un processus différencié. Le phénomène central est un processus de *« représentations » (d'images),* qui traduit, et induit, un système de comportements, attitudes, affects, etc.

Les différents niveaux de la réalité se répercutent les uns et les autres dans un réseau de *processus en miroir,* où les imaginaires des différents groupes sociaux se déploient et se réfractent selon une sorte de phénomène d'*anamorphose.* C'est la dynamique de cette *rencontre* des différents niveaux d'imaginaire qui constitue le processus idéologique.

Le Parti communiste n'échappe pas à cet investissement par l'imaginaire. Ses formes d'organisation, ses règles de fonctionnement, qui obéissent, d'une certaine manière, à des nécessités politiques objectives, ont un *surplus d'effets,* qui ne sont plus du registre de la politique tout en ayant des conséquences politiques.

Tout groupe d'hommes, indépendamment de sa finalité explicite ou objective, fonctionne comme *institution imaginaire.* Toute organisation, par ses règles d'organisation et de fonctionnement, sécrète son propre imaginaire, qui est *l'imaginaire de l'institution. Le rapport de l'individu à l'organisation est un rapport mixte:* d'une part, l'existence de l'organisation, ou du parti « révolutionnaire » dépend de conditions objectives, historiques, qui déterminent les possibilités concrètes d'adhésion à ce parti mais, d'autre part, l'engagement militant comporte des motivations personnelles spécifiques à chaque individu.

C'est au sein de ces motivations personnelles, les conditionnant en partie, que se trame la « représentation » de l'organisation, par l'individu, le « fantasme » du parti, ce qui le constitue en institution imaginaire. L'individu *projette* sur la forme d'organisation les règles de fonctionnement, les finalités politiques, le système de cohérence idéologique, etc., certains aspects de ses nécessités affectives profondes.

Inversement, la structure de l'organisation et son fonctionnement sécrètent sa propre idéologie, *l'imaginaire de l'institution,* qui conditionne, pour une part, le comportement de l'individu adhérent. Chaque adhérent est ainsi conditionné par une série complexe de déterminations qui vont marquer son rapport à la pratique politique et à l'organisation politique et donner son caractère spécifique à son activité militante : être « sectaire », « dévoué », « dillettante », « homme de masse », etc.

Le rapport de l'individu à l'organisation politique est donc dialectique : l'individu trouve dans le parti (son organisation, son style de travail, sa doctrine, etc.) de quoi satisfaire des nécessités structurelles profondes ; le parti suscite chez l'individu une forme de personnalisation qui met à jour ses « qualités » (ou ses « défauts »), qui permet son épanouissement ou le développement unilatéral de telle ou telle de ses caractéristiques psychologiques.

Une organisation politique comme le Parti communiste est intéressante comme sujet d'expérience quant à l'étude de *l'imaginaire en politique.* C'est une organisation qui est fortement investie affectivement par ses adversaires comme par ses adhérents. Dans la mesure où le Parti communiste se veut un parti « révolutionnaire », il heurte le conformisme spontané de la grande majorité des individus, et prend de front *la résistance au changement* qui est une des caractéristiques de la tentation régressive latente chez tout être humain. Le Parti communiste est donc un *lieu de projection fantasmatique* inouï, et c'est cet investissement fantasmatique qui *redouble,* en quelque sorte par avance, en négatif ou en positif, tout le discours politique communiste. Il y aurait ainsi intérêt à examiner l'anticommunisme dans cette dimension fantasmatique indépendamment et en plus de ses bases de classe.

Conclusion provisoire

Ainsi, l'imaginaire est à l'œuvre dans toutes les dimensions de la vie sociale et individuelle. Le rapport entre imaginaire collectif et inconscient individuel est complexe, contradictoire, dialectique. L'inconscient individuel n'est pas au principe de l'existence de l'imaginaire collectif, pas plus que l'inconscient n'est le « reflet » de l'idéologie.

Ce n'est pas le « *besoin d'illusion* » corrélatif de l'incomplétude narcissique originelle de l'individu humain qui est à la source de l'idéologie. Mais le processus idéologique s'enclenche dans l'imaginaire constitutif de l'être humain comme *sujet,* qui va ainsi à la rencontre de grandes productions idéologiques. Schématiquement on pourrait dire ceci : de même que le besoin, naturel, biologique, de boire est indépendant de ses moyens de satisfaction, mais que ceux-ci — les moyens de satisfaction — nécessitent le détour par l'organisation sociale, ses forces productives, ses rapports de production, de même le « besoin », psychique, d'illusion nécessite, pour se satisfaire, l'ordre du social, promoteur des grandes productions idéologiques.

On me dira que l'être humain est social, par nature en quelque sorte, et qu'il est sujet humain parce qu'il est être parlant. Mais pour éviter l'impasse de la poule et de l'œuf, je me fixe une sorte de commencement hypothétique, afin de tenir compte de l'importance de la sphère affective, dans son autonomie et dans son efficacité.

C'est là une hypothèse provisoire, qui en donnant au psychisme une sorte d'*autonomie ontologique* permet d'éviter les deux écueils que je signalais plus haut : *le biologisme* et *le sociologisme* qui sont réducteurs l'un comme l'autre et ne permettent pas de rendre compte de la totalité complexe et contradictoire de la réalité.

Mars-avril 1980.

TROISIÈME PARTIE

Biographie et roman familial

La biographie est l'histoire d'une vie. Comment s'entrecroisent histoire familiale et histoire sociale pour constituer une personnalité. L'enfant est-il le « père » de l'homme ? Une biographie n'est-elle pas toujours orientée, selon qu'il s'agisse d'expliciter une œuvre, une découverte scientifique ou un engagement militant ? Comment l'individualité singulière et l'individualité sociale entremêlent-elles leurs fils pour tisser une histoire et constituer une subjectivité ?

Psychanalyse et biographie

Le psychiatre et le psychanalyste sont-ils des familiers de la biographie ? Selon les apparences, on pourrait répondre par l'affirmative. Le patient « raconte sa vie », et le thérapeute est un auditeur intéressé qui laisse défiler à son écoute des séquences existentielles qui, mises bout à bout, constituent l'histoire d'une vie. Mais est-ce une biographie et qu'est-ce que la biographie ?

Le vocabulaire de la psychanalyse possède une notion qui permet de nuancer et d'éclairer cette problématique : il s'agit du « roman familial ». Le « roman familial » est le scénario fantasmatique que se constitue le patient en s'imaginant une autre famille, qu'il est par exemple un « enfant trouvé », ou que son « vrai » père est un personnage prestigieux. Le désir de rabaisser les parents réels est une des implications du complexe d'Œdipe. Mais d'une façon plus diffuse et moins affirmée le « roman familial » fonctionne dans le récit du patient, qui, au fil des séances, tisse et retisse laborieusement les images parentales qu'il a élaborées et qui constituent, d'une certaine manière, une famille imaginaire. Aussi, les informations que recueille le thérapeute sont-elles fortement marquées de subjectivité et ce n'est que par de multiples recoupements qu'il peut, à la manière de l'ethnologie sociale, reconstituer une histoire lestée d'un certain coefficient de réalité.

A vrai dire le psychanalyste, dans sa démarche de dévoilement de la vérité du sujet, est plus près du « roman familial » que de la biographie. Il n'a pas, par devers soi, une biographie « idéale » à laquelle confronter le récit du patient : ce n'est pas son affaire. Mais comme il a deux oreilles pour entendre, il recueille, chemin faisant, des éléments concrets qui peuvent, à la rigueur, constituer les fragments de l'histoire d'une vie. C'est la « troisième oreille » qui est à l'écoute de l'inconscient et qui va permettre les interventions interprétatives.

Cela étant dit, le psychiatre et le psychanalyste ne sont pas plus mal placés que quelqu'un d'autre pour parler de biographie. Décanté de ses scories d'imaginaire, le récit du patient est bien, tout compte fait, celui de sa vie.

Pourquoi cet intérêt pour la biographie de la part du penseur marxiste ? Le marxisme, constitutivement, s'occupe plutôt de l'histoire des individus pris en tant que masses, et non pas de l'individu isolé dans sa singularité. C'est en quelque sorte la psychanalyse qui a posé au marxisme le défi de la mise en place d'une théorie de l'individualité. La psychanalyse, par essence et par technique, met entre parenthèses l'ancrage social de l'individu, pour aiguiser son écoute aux « formations de l'inconscient ». Le marxisme met l'accent sur la socialité originaire et structurelle de l'être humain, « l'essence humaine étant constituée par les rapports sociaux ». C'est la place de la subjectivité qui reste à trouver, et la question de savoir si la subjectivité elle-même n'a pas, d'une manière ou d'une autre, un impact sur la biographie.

La psychopathologie psychanalytique permet de mieux cerner le problème de l'articulation entre structure de la subjectivité et biographie. Le psychiatre de formation psychanalytique s'intéresse à l'histoire de son patient, non pas comme toile de fond inerte ou anecdotique sur laquelle se déroule la danse macabre des symptômes, mais en tant qu'elle est partie prenante dans la maladie, et que les symptômes sont, en quelque sorte, un condensé caricatural de l'histoire du malade. Les symptômes ont un *sens* par référence à l'histoire du malade, et histoire du malade et histoire de la maladie sont une seule et même chose.

Mais la maladie n'est pas un livre ouvert qui raconte la vie du patient : elle est un système complexe et cohérent (dans son incohérence !) qui est à *décrypter*, et dont le déchiffrement renvoie à l'histoire infantile du sujet. C'est l'histoire infantile du sujet, monstrueusement déformée et tragiquement caricaturale, que la maladie (mentale) exprime dans ses outrances et ses avatars. Ainsi, la psychopathologie donne un éclairage particulier à la notion de biographie. Pour Freud, le passage du normal au pathologique est une question de degré, la pathologie ne fait que montrer d'une façon grossie et déformée ce qui est à l'œuvre chez un être dit normal.

La maladie mentale, sauf à rester au niveau d'un organicisme borné, dans la mesure où elle montre en quelque sorte des pans d'inconscient à « ciel ouvert », oblige à s'interroger sur l'effet à distance de « l'infantile » dans la structuration d'une biographie. Ce que la maladie montre comme effet de « distorsions » ou d'« accidents » doit d'une façon ou d'une autre, apparaître chez l'être normal. C'est effectivement le cas dans ce qu'on appelle « le caractère », c'est effectivement ce qui se passe en ce qui concerne les « goûts », les « inclinations », les « choix », amoureux ou idéologiques. On dira que c'est insister lourdement sur les pesanteurs du passé. En effet, contrairement aux astrologues qui lisent l'avenir le regard tourné vers les étoiles, la psychanalyse cherche dans la préhistoire infantile les indications d'un devenir.

Dans son souci, légitime, de « changer le monde », le marxisme met l'accent sur les « rapports sociaux » et le chercheur marxiste en « sciences humaines » privilégie ce qui, dans la construction d'une personnalité, appartient aux « conditionnements sociaux ». Ainsi est mise en avant la notion de « formes historiques de l'individualité sociale » ce que, dans une autre problématique, on appelle les « mentalités ». Mais ces notions, qui permettent de qualifier les membres d'un groupe socioprofessionnel donné, n'apportent aucun éclairage sur ce qui distingue chacune des individualités prise à part. Ce qui caractérise une biographie, c'est la *singularité*. On peut parler de la « mentalité » d'un petit commerçant ou d'un médecin : la « forme historique » « petit commerçant » ou « médecin » est liée à une certaine pratique sociale de la distribution ou des professions de santé à une étape donnée de l'histoire ; le type d'« individualité sociale », que ces pratiques suscitent, est ainsi conditionné par le mode de vie qui en découle. Mais ce qu'il est intéressant de comprendre — outre le fait de savoir pourquoi X est devenu petit commerçant et Y est devenu médecin, ce qui n'est pas un simple fait de rapport de « choix » subjectif à des possibilités objectives — c'est pourquoi tel petit commerçant bat sa femme (par exemple) ou pourquoi tel médecin est resté célibataire. Les maris irascibles et les hommes célibataires appartiennent-ils à des « formes historiques d'individualité sociale » ou bien est-ce que le secret de leur malaise est à découvrir dans l'histoire de leur enfance ?

On voit que le problème est complexe, et que le rapport « individualité sociale » et « individualité singulière » est difficile à élucider. Curieusement, face à ce genre de difficulté la position du marxisme est plutôt d'ordre moral, voire éthique, que de nature méthodologique. C'est la crainte de promouvoir *l'individualisme* comme valeur qui fait reculer certains chercheurs marxistes devant ce genre de problématique. A mettre trop l'accent sur « l'infantile » on risquerait de sous-estimer les « facteurs sociaux », et de tomber dans un idéalisme psychologique, fauteur d'incidences réactionnaires.

Reste à savoir si l'individualisme est vraiment un crime (le rapport individualisme-solidarité est moins simple qu'on ne le croit), d'une part, et d'autre part à trop vouloir mettre l'accent sur les « facteurs sociaux » (par dogmatisme moral) on risque alors de sous-estimer cette structure de *médiation* individu-société qu'est la *famille* et à l'intérieur de laquelle se joue l'essentiel de l'histoire d'une personnalité. La famille elle-même, certes, subit des mutations liées aux évolutions sociales, les *rôles* parentaux s'en trouvent modifiés. Mais les *images,* c'est-à-dire les modalités de l'intériorisation de la relation à la mère et au père, sont pour l'essentiel liées à des conditions pulsionnelles et libidinales qui ont leur propre autonomie. Par exemple, un père peut être absent physiquement et cependant l'enfant peut en intérioriser une image « autoritaire ». Paradoxalement, ce n'est pas la sévérité objective du parent qui va conditionner la force du Sur-Moi : c'est l'équilibre entre forces pulsionnelles et le niveau des interdits.

La famille fonctionne, d'une certaine manière, comme unité de production et de consommation. Elle constitue également un milieu pédagogique. A ce double titre, elle est insérée dans les rapports sociaux et porteuse de sa propre idéologie. Ce qu'on appelle « l'origine sociale » d'un individu tend à signifier à quel point la famille, comme entité socioprofessionnelle, est par là même informée d'un système de représentations et de valeurs, par rapport auquel le sujet aura à se définir. Que ce soit pour le reprendre à son compte ou pour s'y opposer, le sujet reste marqué par ce système idéologique.

Ainsi, l'enfance et « l'infantile » conjuguent leurs déterminations pour tracer les virtualités de la biographie. Celles-ci vont trouver à *s'actualiser* dans les différents investissements sociaux, professionnels, culturels ou idéologiques, que le sujet va rencontrer sur le chemin des nécessités de la vie. Cependant, le processus de réactualisation n'est pas une simple reprise du passé dans le présent. Il y a un réaménagement du passé en fonction de la prégnance des investissements sociaux, notamment ceux qui sont fortement chargés d'un point de vue affectif, narcissique ou idéologique. Par exemple, un ouvrier d'origine rurale va garder pendant un certain temps les caractéristiques psychologiques de son milieu. Puis, peu à peu, faisant l'expérience de la solidarité ouvrière, il va affermir sa conscience de classe et, éventuellement, s'engager dans une activité syndicale militante.

Une biographie n'est donc pas un mouvement linéaire qui va de l'enfance à l'âge adulte, et de l'âge adulte vers la vieillesse. Il y a des *points forts,* des *moments privilégiés,* qui sont différents selon la perspective et le but qu'on assigne à cette biographie. C'est en ce sens qu'une biographie est toujours de parti pris. L'histoire d'un militant, ou bien celle d'un écrivain ou d'un homme de science nécessiteront des mises en perspective différentes, avec des *accents* différents selon l'aspect qui sera privilégié.

La souffrance morale de Baudelaire, ou l'anxiété phobique de Descartes ont sans doute des origines psychologiques à rechercher dans leur histoire infantile. Mais l'œuvre poétique de l'un comme l'œuvre scientifique et philosophique de l'autre vont bien au-delà de ce simple (ou complexe) problème d'économie affective. Faire appel au « conditionnement socioculturel » n'est pas suffisant non plus. En effet, le risque de toute biographie c'est d'être *réducteur* ou *unilatéral.*

Ce qui vaut pour un « grand homme » vaut également pour un homme ordinaire. Simplement, on pourrait dire que la vie des grands personnages permet de mieux mettre en relief les interactions multiples et complexes qui se jouent entre les influences de la petite enfance et les conditionnements socio-historiques.

Longtemps le marxisme a mis, légitimement, l'accent sur les aspects sociaux et historiques qui contribuent à l'élaboration d'une personnalité, et étaient trop souvent négligés au bénéfice d'une détermination étroitement psychologique. La démarche matérialiste cherche à ancrer l'histoire d'une vie dans le réseau des rapports sociaux. La démarche idéaliste, à dominante psychologique, tend à faire l'impasse sur l'insertion socio-économique pour occulter les antagonismes de classes. Elle est donc un parti pris idéologique, au service de la perpétuation de l'ordre existant. La démarche matérialiste se veut « critique et révolutionnaire » au service d'une idéologie progressiste. Le problème actuel est de tenir ensemble ce qui, dans une biographie, marque la trace active des structures élémentaires de la subjectivité et ce qui se transforme et s'élabore par le travail permanent des activités du sujet social.

Les deux articles qui suivent, tentent de mettre en place les éléments de cette problématique. L'un sur *la biographie, la psychanalyse et la folie* cherche, dans la conjoncture idéologique marquée par « l'antipsychiatrie », à développer une démarche qui redonne toute sa positivité à la folie comme détenant, à sa manière, une forme de secret sur la *vérité de l'être humain,* en privilégiant la pathologie comme loupe grossissante (et déformante) du *procès de subjectivation.* L'autre, sur *G. Politzer et la psychanalyse,* reprend dans le détail la problématique que nous venons d'ébaucher.

Georges Politzer (1903-1942), philosophie communiste, fusillé par les nazis à l'âge de trente-neuf ans, a été un intellectuel militant exemplaire et son itinéraire est intéressant à plus d'un titre. Passionné de psychologie et de psychanalyse, sa rencontre avec le marxisme et le mouvement ouvrier l'a conduit à un long détour par le matérialisme historique et l'économie politique, qui l'ont mis à distance de ses premiers intérêts intellectuels. Son œuvre psychologique est mince, mais elle est dense et riche. Créateur et animateur de la *Revue de psychologie concrète,* qui ne connut que deux numéros, il a été un critique pénétrant de la psychologie traditionnelle et un adepte perspicace de la psychanalyse. Il a été un *précurseur* au plein sens du terme. Il a voulu sortir la psychologie des ornières de l'abstraction et du formalisme pour s'intéresser à la vie de l'homme engagé dans son travail et la quotidienneté. Il a essayé, en quelque sorte, d'élaborer une « science de la quotidienneté », pour hausser la psychologie au niveau d'une science des « conduites humaines ayant une signification ». Son ambition a été de mettre au point une *« psychologie matérialiste enchassée dans l'économie ».* Ce programme reste encore d'actualité.

Constituer une « science » des événements humains, mettre en œuvre une « psychologie concrète du drame », cette tentative n'a pu aboutir à cause d'insuffisances méthodologiques. On retrouve ces mêmes insuffisances dans son *approche de la psychanalyse.* La psychanalyse, qui s'affirme comme une science du *déchiffrement* et de la promotion du *sens,* lui est apparu en correspondance avec son souci de dégager les *significations* dans l'histoire des individus. Il n'a pas su percevoir la *rupture* radicale opérée par la psychanalyse avec la psychologie, en tant qu'elle est la science d'un champ nouveau, c'est-à-dire « science de l'inconscient ».

C'est par rapport à l'existence de l'inconscient comme système, et par rapport à sa nature que s'articule la critique de G. Politzer. Il est curieux de la comparer à certaines critiques contemporaines, notamment de la part de psychanalystes américains (Roy Schaffer) qui ramènent la notion d'inconscient à une question de « point de vue » et considèrent l'existence des instances intrapsychiques comme conduisant à une sorte d'anthropomorphisme. Les discussions sont très vives actuellement autour de la validité et de l'utilité de la *métapsychologie.*

L'œuvre considérable de J. Lacan elle-même n'est pas sans parenté avec la problématique politzérienne : elle en présente à la fois la même richesse et les mêmes limites. Mais alors que les critiques américains ramènent la psychanalyse à une psychologie préfreudienne, J. Lacan se réclame d'un « retour à Freud » et son ambition est d'une tout autre envergure.

Ce n'est pas le lieu de développer ces discussions qui mériteraient à elles seules un ouvrage. C'est tout le problème de l'épistémologie psychanalytique qui est mis à l'épreuve. Notons simplement l'acuité intellectuelle de G. Politzer et regrettons que le cours dramatique de l'histoire ne lui ait pas permis de reprendre ses intérêts pour la psychologie.

Avril 1986.

Biographie, psychanalyse, folie

(Inconscient et rapports sociaux)

La thèse que je veux défendre, c'est que la folie n'est pas un « fait de société », mais un fait de *socialité* : c'est parce que l'être humain est soumis à un processus de socialisation-hominisation forcené qu'il porte en lui les germes de la folie, tout comme, par ailleurs, les animaux domestiques qui subissent un « dressage » du même ordre.

C'est la folie qui détient le secret du « fait humain », et non le contraire : la folie montre, en quelque sorte, à ciel ouvert, à quel prix l'être humain se libère des contraintes de son animalité originaire pour accéder à « l'humanité », par l'intermédiaire d'autres contraintes liées aux processus de socialisation.

L'idée centrale est que l'accès à la « socialisation » ne va pas de soi — loin de là — les *« ratés »* en sont constitutifs, la tolérance à ces « ratés » et le regard que la société y jette et traduit dans ses discours — scientifiques ou idéologiques — mesure le degré de *légitimation* accordé à ce *« désordre culturel »* que constitue la folie. En effet, l'hypothèse de base pour ce travail est la suivante : l'être humain à sa naissance entre dans un *ordre culturel* constitué par les éléments de la structure de parenté, ordre culturel qui pourvoit à l'accomplissement de sa socialisation-hominisation. (En effet, l'enfant humain n'est pas un petit singe, mais il a encore une route très difficile à parcourir avant de devenir un homme.)

Cet ordre culturel, c'est celui qui structure le *rapport entre les sexes,* qui assigne à chacun sa place comme *être-homme* et *être-femme,* c'est-à-dire qui pourvoit à la constitution de son *désir.* La constitution du désir postule une sorte de « *dressage pulsionnel* » dont les traces s'organisent sous la forme de ce qu'on appelle *l'inconscient.*

C'est parce qu'il a maille à partir avec ses pulsions que l'être humain est en proie au germe de la folie. En ce sens, la folie constitue bien un « désordre culturel », c'est-à-dire une tentative de se déprendre du réseau structurel qui enserre les pulsions pour les convertir dans l'organisation de la subjectivité, tentative qui voue celle-ci à la désorganisation.

Cette *option anthropologique,* dont la formulation reste encore vague et qu'il faudra préciser ultérieurement, permet d'éviter un certain nombre de malentendus. D'une part l'écueil gauchiste nihiliste, qui nie tout de go l'existence de la folie du fait d'une conception naïvement mécanique des systèmes d'oppression sociale : ce sont les psychiatres qui ont inventé la folie en vue de s'assurer une position de pouvoir. Ensuite, l'écueil réactionnaire raciste qui considère le fou comme un être à part, séparé des autres, un « aliéné » précisément, du fait d'un dérangement des rouages de son cerveau. Enfin, et non le moindre, l'écueil marxiste vulgaire, qui sociologise à l'extrême la folie du fait d'une conception trop étroitement matérialiste des rapports « individu-société », qui fait manquer *l'autonomie radicale* de la sphère psychique dans sa dimension subjective.

Nous aurons à préciser plus loin ces indications sommaires et schématiques : mais il s'agit de souligner d'emblée qu'une insuffisance de prise en compte de *l'affectivité* comme sphère psychique autonome ne permet pas de rendre compte pleinement de manifestations existentielles aussi disparates que la folie, le racisme (sous toutes ses formes, y compris l'anticommunisme), la foi religieuse, etc., qui, chacune sur des registres différents, marquent *l'irruption de l'affectivité sur la scène sociale,* ce que la notion traditionnelle d'idéologie, par exemple, ne permet pas de prendre véritablement en charge.

Enfin, cette option anthropologique, qui consiste à considérer la folie comme constitutive des risques liés aux processus originaires de socialisation, permet d'assumer les sciences humaines et sociales dans leur statut de discours à la fois *conjectural* et *nécessaire.*

Ainsi, l'intérêt de cette démarche est double : 1) redonner sa positivité à la folie, qui n'est plus le déchet du fonctionnement psychique, mais la face cachée de la vie mentale ; 2) souligner le caractère ambigu des sciences humaines et sociales, notamment la psychiatrie, sans pour autant les disqualifier, dans la mesure où elles traduisent de façon complexe et contradictoire un niveau de relation avec les structures de domination sociale.

Tout notre questionnement va tourner autour de la *problématique de la biographie.* Qu'est-ce qu'une biographie, quels sont les rapports d'accointance entre histoire individuelle et histoire collective ? Quelle est l'articulation entre histoire individuelle et histoire collective dans les mécanismes d'apparition de la maladie mentale ? Quelle est la part que la psychanalyse peut apporter à l'élucidation de cette problématique ? En d'autres termes, comment s'articulent, se pénètrent, ou coexistent — et à quelle distance — inconscient et rapports sociaux ?

Ce sont toutes ces questions d'ordre général qui vont être abordées, au titre d'une *méthodologie d'une science de la biographie.* Commençons par la première question.

Qu'est-ce qu'une biographie ?

Une biographie apparaît, au premier abord, comme l'histoire d'un individu, dans ce qu'elle a de plus spécifique, c'est-à-dire *l'histoire de ses origines.* Un individu est né de parents, il a vécu dans une famille, il a évolué dans un milieu. Parent, famille, milieu constituent la trame empirique au sein de laquelle se tisse cette histoire dont les lois de constitution sont à la fois extérieures à elle-même et internes à elle-même.

C'est cette double polarité des lois de constitution de la biographie qui fait son originalité et la difficulté de son élucidation. En effet, traiter de la biographie d'un individu implique une *finalité* : rendre compte d'un caractère, d'une œuvre, d'une symptomatologie, etc., sinon un tel projet n'a aucun sens. Aussi, une biographie a-t-elle une visée explicatrice : il ne s'agit pas de « raconter une histoire », mais de rendre compte des rapports internes à cette histoire dont les relations réciproques trament une conduite.

Ainsi, Georges Politzer — qui nous servira en quelque sorte de mentor — écrivait-il, quand il tentait de promouvoir ce qu'il appelait la « psychologie concrète » : M. de ..., jeune, beau, intelligent et riche, a épousé Mlle ..., vieille, laide, inintelligente et pauvre. Voilà ce que nous cherchons à comprendre. » (*Les Fondements de la psychologie, in : Écrits II,* p. 81.) Qu'est-ce qui a poussé X... à commettre un crime ? ou comment se fait-il que Y... ? qui faisait de « brillantes études », est brusquement devenu courtier en assurance, etc.

La notion de biographie transforme en quelque sorte en « mystère » une conduite banale ou quotidienne, que l'observation superficielle néglige ou à laquelle elle trouve une explication conventionnelle. Elle fait de chaque vie humaine un *secret.* Sinon, il n'y aurait rien à comprendre, et ce serait vrai tout aussi bien pour le quidam anonyme que pour le personnage historique.

La notion de biographie donne la même dignité à l'histoire du garçon coiffeur qu'à celle de Napoléon Bonaparte, empereur des Français. Mais, dans un cas — Napoléon Bonaparte — le rapport des relations internes des éléments constitutifs de la biographie postule une finalité évidente : comment se fait-il que ce jeune Corse aux cheveux plats soit devenu le personnage historique que l'on sait — question de grande ampleur théorique et d'importance historique évidente. Dans l'autre cas — le garçon coiffeur — quels sont les rapports de relations internes à mettre en évidence : pourquoi M. X... est devenu garçon coiffeur ? ou, pourquoi a-t-il épousé Mlle Y... ? ou encore, pourquoi passe-t-il ses vacances dans un camp de nudistes ? ou encore pourquoi est-il homosexuel ? ou encore pourquoi a-t-il fait une bouffée délirante ? On voit combien les questions sont nombreuses et complexes. Aussi, toute biographie est-elle *partisane,* c'est-à-dire qu'elle prend parti pour tel ou tel type de *mise en rapport* des relations internes constitutives de l'histoire d'un individu.

La plus évidente — mais non pas la plus simple — est celle qui met en rapport l'histoire d'un individu et d'une œuvre : un écrivain, un auteur, un homme de science ou un homme politique. La visée de la biographie est alors apologétique : telle œuvre ne pouvait être le fait que de tel individu ; ou encore, sa visée peut être d'ordre théorique, en vue de justifier un postulat méthodologique : mettre l'accent sur telle ou telle forme de « causalité », psychologique, sociale ou historique. Si M. X... est devenu garçon coiffeur, c'est que sa maman avait les cheveux longs, si M. Bonaparte est devenu l'empereur Napoléon, c'est parce que la Corse est une île. Si tel « maniaque sexuel » étrangle les petites filles, c'est pour se venger des sévices que lui faisait subir sa nourrice, etc. A moins que ce ne soit parce que sa mère était femme de ménage ou que son père était chômeur.

En fait, une démarche plus générale consisterait à considérer chaque vie humaine comme une « œuvre », d'ampleur diverse, modestement anonyme ou de dimension historique.

Le sens d'une entreprise biographique est de comprendre le « pourquoi » d'une vie, en se délivrant de tout préjugé théorique et de toute visée de démonstration. Cependant, l'écueil de la « finalité » qu'on pense ainsi avoir jeté à la porte revient par la fenêtre : en effet, autour de quel élément ordonner l'organisation de cette histoire sans pour autant faire preuve de parti pris ? Faute de quoi on risque de se trouver devant une accumulation de « faits » (lesquels ?) produits selon une chronologie linéaire, en privilégiant tel ou tel évenement en fonction d'une option « idéologique », qui n'est rien d'autre que la réintroduction du parti pris sous une autre dénomination.

Aussi, doit-on penser qu'on ne peut échapper au parti pris, à la mise en œuvre d'un postulat méthodologique de départ ? Il semble que Georges Politzer ait cherché à résoudre ce problème en promouvant la notion de « *drame* ». Ce qu'il appelle le « drame » — terme qu'il utilise pour sa signification scénique — c'est l'organisation du vécu humain en tant qu'il est porteur de « significations », pour celui qui en est l'auteur comme pour ceux qui en sont les spectateurs.

Aussi, peut-il écrire, pour expliciter son projet : « Il est incontestable que c'est dans le drame que nous place d'abord notre expérience quotidienne. Les événements qui nous arrivent sont des événements dramatiques, nous jouons tel ou tel "rôle", etc. La vision que nous avons de nous-même est une *vision dramatique*... Dramatiques sont aussi nos intentions... *Nous pensons à nous-mêmes dans des termes dramatiques*... C'est sur un plan dramatique qu'a lieu aussi le contact avec nos semblables... » (*Les Fondements de la psychologie, in : Écrits II,* p. 80.) Plus loin, dans la même page, il précise : « Dramatique est aussi la compréhension que nous avons les uns des autres. »

On sait que G. Politzer fait grand cas de ce qu'il appelle « la connaissance pratique de l'homme », la *praktische Menschenkenntnis,* telle qu'elle peut apparaître dans les œuvres des écrivains, des dramaturges ou des artistes, ou telle encore qu'elle se traduit dans l'expression commune « avoir l'expérience de la vie », c'est-à-dire avoir acquis une connaissance psychologique des êtres par un approfondissement et un affinement de notre intuition. Il affirme alors : « Le problème semble alors consister à faire passer cette tradition de la connaissance empirique de l'homme, de l'état d'empirisme à l'état de science positive. » (*Les Fondements de la psychologie, in : Écrits II,* p. 83.)

La référence à G. Politzer est ici indispensable, car notre travail sur les problèmes de la biographie ne peut pas ne pas être, en filigrane, une sorte de dialogue, dont nous pressentons déjà le caractère fécond, avec lui. En effet, dans son ouvrage de base *Critique des fondements de la psychologie* où tout au long d'une confrontation avec la psychanalyse (que nous retrouverons plus loin) il cherche à définir *l'essence du fait psychologique,* il écrit : « Le fait psychologique n'est pas le *comportement simple,* mais précisément *le comportement humain,* c'est-à-dire *le comportement en tant qu'il se rapporte, d'une part, aux événements au milieu desquels se déroule la vie humaine et, d'autre part, à l'individu en tant qu'il est le sujet de cette vie.* Bref, le fait psychologique, c'est le comportement qui a un *sens humain.* » (P. 248-249.)

Ainsi G. Politzer, pour définir le *sens humain* (d'un comportement), c'est-à-dire pour mettre en œuvre la catégorie centrale dans sa problématique, de *signification,* met en corrélation les *événements* (au milieu desquels se déroule une vie) et *l'individu* (en tant qu'il est le sujet de cette vie).

Nous avons ainsi trois termes — *événement, individu, comportement* — dont l'organisation des uns par rapport aux autres doit faire apparaître la notion de signification. Le « comportement » (d'un individu) a un sens humain dès lors qu'il met en relation *les événements* au milieu desquels se déroule la vie d'un individu, et *l'individu* en tant qu'il est le sujet de cette vie.

On retrouve, formulée différemment, la problématique de la biographie telle que nous l'avons ébauchée plus haut. C'est-à-dire qu'on ne peut échapper, dans le domaine de la biographie, à une *prise de parti,* à partir de laquelle ordonner l'organisation de la biographie, faute de quoi une telle entreprise perd tout intérêt. Par exemple, si un lecteur de ce travail se pose à lui-même la question de sa propre biographie, comment va-t-il « raconter sa vie ». Il pourra dire : « Mes parents étaient instituteurs » ; ou encore : « Je suis né dans un pays de montagnes » ; ou encore : « Ma mère était une personne sévère », etc. Il y aura toujours un *accent,* c'est-à-dire un choix, pour privilégier tel ou tel élément de la biographie. Ce choix, on le pressent, est déjà lourd de signification : « l'autobiographie » est, en quelque sorte, une *fiction intéressée.*

Nous retrouverons ce problème plus loin à propos de la psychanalyse. Dans un entretien « psychanalytique » — éventuellement préalable à la pratique d'une cure psychanalytique — le libre choix du discours est laissé à l'interlocuteur qui « raconte sa vie » comme il l'entend : la chronologie, les lacunes, les interférences, etc., ont déjà une signification « psychanalytique ».

Ainsi, la mise en œuvre d'une biographie pose nécessairement le problème d'une « mise en perspective », en fonction d'un parti pris méthodologique ou d'une option idéologique. D'une façon, à la fois générale et vague, on pourrait dire que la mise en œuvre d'une biographie vise à la *compréhension* de l'être humain, quels sont les ressorts profonds et décisifs de ses actions, quel est le *sens réel* d'une vie humaine. *Comprendre « l'homme » :* telle serait l'ambition de l'entreprise désignée sous le vocable de « biographie ».

Plus haut, par une sorte d'affirmation provocatrice, nous avons dit : c'est la folie qui détient le « secret » du *fait humain,* c'est la folie qui décèle — et éclaire — le mystère de l'homme. N'est-ce pas là des formulations abstraites, et quelque peu « idéalistes » ? Nous verrons plus loin ce qu'il faut en penser : mais on sent bien se dessiner une alternative, dont ce travail, précisément, a pour but de montrer le caractère schématique et stérile.

En effet, le problème de la biographie semble se résumer dans celui de la *détermination principale* : qu'est-ce qui est décisif pour (et dans) la vie d'un individu, son *histoire familiale* ou son *histoire sociale* ? Sa *vie infantile* ou sa *vie d'homme adulte engagé dans les rapports sociaux* ? C'est à cette *fausse alternative* que l'on voudrait régler son compte. Auparavant, faisons un détour par la psychanalyse.

Et la psychanalyse ?

La psychanalyse, on le sait, privilégie « l'infantile ». En fait, les choses sont plus compliquées que ça. La psychanalyse — notamment dans la pratique de la cure, mais ce n'est évidemment pas sans conséquence au niveau de la théorie — opère une sorte de « *suspension* » de la réalité extérieure au bénéfice de la réalité interne, la *réalité psychique*.

La psychanalyse postule l'existence d'une « réalité psychique », dont la consistance est aussi « solide » que celle de la réalité extérieure, et qui serait constituée essentiellement des *fantasmes et des désirs inconscients*. Tout au long de la cure s'opère une mise à plat du discours du patient, qui situe sur le même plan telle anecdote, tel souvenir, ou tel renseignement « biographique ».

L'histoire du sujet, au sens conventionnel du terme, ne reçoit aucun privilège particulier. Il y a en quelque sorte une « mise en suspicion » de la réalité, au bénéfice de la dynamique de la relation transférentielle, les éléments de la « réalité » véhiculés par le discours du patient étant censés être, plus ou moins (selon les mouvements de la cure et les « résistances » qui la trament), les supports des désirs et des fantasmes inconscients. Ainsi est reconstituée, pas à pas, minutieusement, comme une immense et délicate tapisserie (ou puzzle), l'organisation de l'inconscient du patient. (L'organisation de l'inconscient, c'est-à-dire sa « structure », son « armature », mais non pas l'inconscient dans sa « totalité » : la réalité psychique, comme la réalité extérieure, est « inépuisable » (pour paraphraser Lénine !).) Dans le même mouvement est également reconstituée, à grands traits, l'histoire infantile du sujet, dégagée du « *roman familial* » qui nécessairement la parasite.

C'est la prégnance du passé infantile dans le présent qui est responsable des difficultés psychologiques : ce passé infantile est essentiellement constitué des « *imagos parentales* » ; le travail psychothérapique (et à fortiori, psychanalytique) est un travail sur ces « images ». Redonner un meilleur coefficient d'« objectivité » à la *représentation* du père (ou de la mère) c'est se dégager de l'emprise du passé infantile, c'est se défaire des réseaux archaïques qui entravent notre liberté psychologique d'adulte. Prendre ses distances avec les images parentales, dissoudre progressivement l'étoffe subjective qui les constitue pour les doter d'un certain coefficient « d'objectivité » (démarche difficile, longue, ingrate, toujours *assymptotique*), tel est le but, toujours approximativement atteint (compte tenu de la force attractive et régressive permanente du passé infantile) de l'entreprise psychothérapique. (Faut-il préciser qu'il s'agit là d'un schéma « pédagogique », la cure psychanalytique est autrement plus complexe !)

La prise en compte de l'existence d'une « réalité psychique » complique évidemment la mise en œuvre d'une biographie. Comme on le voit, il ne s'agit pas seulement du rapport du passé infantile à la « personnalité adulte développée » : ce passé infantile n'est pas un support neutre et inerte ; il est mobile, mobilisable, remanié — par la cure bien entendu — mais aussi par les expériences affectives ultérieures. La personnalité est une « création continue », pourrait-on dire, de telle sorte que la biographie prend un caractère conjectural : comme s'il y avait plusieurs biographies possibles pour un même individu, selon le

« lieu » — temporel, géographique, idéologique — où se place l'observateur.

Dans la mesure où la cure opère des changements — dans la personnalité adulte — à partir des remaniements opérés au niveau du « passé infantile », on est bien obligé de penser que, dans une *certaine dimension,* c'est le « passé infantile » qui est déterminant dans le développement de la personnalité adulte.

Quand Lucien Sève écrit : « ...rien n'est donc plus nécessaire que de concevoir avec justesse la manière dont s'articulent dans le cours de la biographie *structuration infantile du psychisme et structuration de la personnalité développée.* Élaborer en détail la théorie scientifique de cette articulation est sans aucun doute une des tâches cruciales à résoudre aujourd'hui pour l'avancée générale des sciences de l'homme » (*in : Pour une critique marxiste de la théorie psychanalytique,* p. 258), il énonce une affirmation très importante. Mais il n'est pas sûr que la notion « d'articulation » soit opératoire pour une telle entreprise, car elle méconnaît la relative permanence — et la redoutable, ou exaltante pesanteur — des forces de la vie affective.

Plus loin il écrit : « *La base de la personnalité développée n'est plus celle de la personnalité infantile,* ou en d'autres termes si la personnalité infantile demeure à tout jamais le *point de départ* de la biographie, elle n'est pas en elle-même la *base* effective de la personnalité développée. » (*Id.,* p. 258.) Une telle formulation, qui réduit le mode d'efficace de l'infantile à l'état d'un simple « *support* », non seulement rend inintelligible (et sans objet) les processus de la cure psychothérapique, mais fait abstraction de la dimension existentielle importante dans laquelle ceux-ci se réalisent, c'est-à-dire *l'affectivité.* Nous verrons plus loin en quoi, et comment, les désordres de la vie affective sont responsables des désorganisations de la vie mentale. (Il faut entendre « désordres » de la vie affective non pas au sens moralisateur de la « débauche », comme certains esprits mal intentionnés pourraient faire semblant de le penser, mais au niveau des « problèmes », « perturbations », « souffrances », etc.)

Or, *prendre en charge l'affectivité comme une dimension existentielle fondamentale de la vie humaine,* cela implique la conséquence suivante : le rapport entre « structuration infantile du psychisme et structuration de la personnalité développée », n'est pas un rapport « d'articulation », mais une relation « d'auto-engendrement ». Dans la « personnalité développée », la vie affective se déploie à partir du *potentiel infantile* qui s'investit dans les diverses expériences relationnelles proposées au sein de diverses modalités assurées par les rapports sociaux.

Ces expériences relationnelles sont diverses et multiples : elles sont déterminées par les *institutions* et *structures* qui leur servent de *support* et de *conditions de possibilité.* Ainsi, si je vais au cinéma avec un ami, la dimension relationnelle et affective sera déterminante. Si je suis un ouvrier, participant à une grève dans une usine, la dimension relationnelle se trouve subvertie par les rapports de classes, qui sont institués au sein des rapports de production, indépendamment de la « volonté » de leurs protagonistes. Cependant, outre mes « intérêts de classe », la force de conviction du responsable syndical ou l'amitié active de mon camarade d'atelier pourra jouer un rôle, parfois déterminant, dans mon engagement, ou non, dans l'action revendicative.

La dimension affective n'est jamais absente dans les rapports humains : elle en est *constitutive,* mais *non constituante.* Il y a là une sorte de contradiction qui est celle-là même de l'existence humaine : *l'être humain est social dans son essence, mais singulier dans son individualité.* Cette singularité est celle-là même qui marque sa vie affective. En effet, quel serait l'intérêt d'une « science de la biographie » si elle n'est pas en mesure de prendre en charge le « *particulier* » dans son individualité spécifique ?

Faire la science du « particulier », traiter d'une vie humaine dans sa *singularité,* tel est l'objet d'une biographie. Ce qui est intéressant, ce n'est pas de savoir qu'il y a des ouvriers, des patrons, des médecins, des agriculteurs, etc. ; ce qui est intéressant, c'est de savoir non pas comment ou pourquoi X... est devenu agriculteur ou Y... est devenu patron, c'est *insuffisant* ; ce qui est intéressant c'est de comprendre comment et pourquoi X... est l'agriculteur *qu'il est* et Y... le patron *qu'il est.*

Ce que G. Politzer appelait la « psychologie concrète », c'était justement cet ensemble de faits humains qui n'est réductible ni à la sociologie ni à l'économie politique, et dont on voit maintenant, à la lumière des développements ci-dessus, qu'il s'agit essentiellement de la vie affective.

C'est l'état de prématuration de l'enfant humain à sa naissance, c'est l'impuissance originelle du nouveau-né, c'est sa longue dépendance à l'égard de ses éleveurs, qui instituent l'affectivité comme *sphère psychique autonome.* On est lassé d'avoir à répéter de telles évidences. Tous les auteurs, chacun à leur manière, s'accordent sur ce point. Ainsi, Henri Wallon, dans un article important intitulé, significativement, « Le rôle de "l'Autre" dans la conscience du "Moi" », peut-il écrire : « Ce façonnage du moi par le milieu... est la conséquence des inaptitudes prolongées auxquelles l'enfant de l'homme est condamné par l'extrême lenteur de son développement... Le nouveau-né n'a dans son comportement que des réactions discontinues, sporadiques, et sans autre résultat que de liquider par les voies alors diponibles soit des tensions d'origine organique, soit celles suscitées par des excitations extérieures. Les gesticulations ne peuvent lui être d'aucune utilité pratique. Elles ne sauraient même pas lui faire modifier une position incommode ou dangereuse. *Une assistance de tous les instants lui est indispensable. C'est un être dont toutes les réactions ont besoin d'être complétées, compensées, interprétées. Incapable de rien effectuer par lui-même, il est manipulé par autrui, et c'est dans les mouvements d'autrui que ses premières attitudes prendront forme.* » (Souligné par moi, B. M., *in :* numéro spécial *Enfance,* n° 3-4, mai-octobre 1959, p. 281.)

Nous aurons à tirer toutes les conséquences de cette *logique* du « façonnage du moi par le milieu », c'est-à-dire par l'environnement néo-natal, c'est-à-dire par *la mère.*

Plus loin, Wallon parle du « mimétisme émotionnel », et de la contagion de l'émotion dans les foules (p. 282). Puis il affirme : « L'individu, s'il se saisit comme tel, est essentiellement social. Il l'est, non par suite de contingences extérieures, mais par suite d'une nécessité intime. Il l'est génétiquement. » (*Id.* p. 284.) On pressent que seule la notion d'*inconscient* peut permettre de penser correctement cette *socialité originaire* de l'être humain.

Plus loin, Wallon précise : « Le *socius* ou *l'autre* est un partenaire perpétuel du moi dans la vie psychique. » La notion d'inconscient est seule opératoire pour penser, d'un point de vue *matérialiste* et *dialectique,* cette action dynamique du « socius » dans la vie psychique, en tant qu'il est *l'intériorisation structurée* des *effets* de ce « façonnage du moi par le milieu ».

Mettons en parallèle cet article de Wallon, écrit en 1946, et le texte de Freud, extrait de l'*Esquisse d'une psychologie scientifique,* écrit en 1895 : « L'organisme humain à ses stades précoces est incapable de provoquer cette action spécifique (par exemple apport de nourriture) qui ne peut être réalisée qu'avec une aide extérieure et au moment où l'attention d'une personne bien au courant se porte sur l'état de l'enfant. Ce dernier l'a alertée, du fait d'une décharge se produisant sur la voie des changements internes (par les cris de l'enfant, par exemple). La voie de décharge acquiert ainsi une fonction secondaire d'une extrême importance : celle de la *communication.* L'impuissance originelle de l'être humain devient ainsi la *source première de tous les motifs moraux.* » (*In : Naissance de la psychanalyse,* p. 336.)

Plus tard, dans un ouvrage daté de 1926 *Inhibition, symptôme, angoisse,* Freud reprendra cette idée de la « *détresse originelle du nouveau-né* » (corrélative de son état de prématuration), en ces termes : « ...son existence intra-utérine semble relativement raccourcie en comparaison de celle de la plupart des animaux, il est moins achevé que ceux-ci lorsqu'il est jeté dans le monde. De ce fait, l'influence du monde extérieur est renforcée, la différenciation précoce du moi d'avec le ça est nécessaire, l'importance des dangers du monde extérieur est majorée et l'objet, seul capable de protéger contre ces dangers et de remplacer la vie intra-utérine, voit sa valeur énormément accrue. *Ce facteur biologique établit donc les premières situations de danger et crée le besoin d'être aimé, qui n'abandonnera plus jamais l'homme. » (Souligné par moi, B. M., p. 89.)*

Ainsi, procédant de problématique et d'intérêts pratiques et théoriques complètement différents, Freud et Wallon s'accordent pour mettre l'accent sur l'importance de la vie affective dans la structuration de la personnalité.

Mais il ne suffit pas d'énoncer cette pétition de principe : il faut en tirer toutes les conséquences, *logiques* et *structurelles.* La « manipulation par autrui » institue « autrui » intériorisé comme le « négatif » (au sens photographique du terme) des intérêts pulsionnels de l'individu. L'existence de *l'affectivité comme sphère psychique autonome* est liée à l'intériorisation des effets de la dialectique relationnelle de l'environnement, à chacune de ses étapes : néo-natale, parentale, familiale.

Chaque expérience relationnelle laisse des *traces* que l'individu cherche à réactiver : c'est la réactivation hallucinatoire de l'*expérience de satisfaction,* matrice de l'*imaginaire* et du *désir.* Ces traces s'organisent par rapport à la place sexuelle des parents. Les « rapports de parenté » recèlent la *loi cachée* par quoi la sexualité humaine se structure dans les réseaux du désir. La structure œdipienne organise le système des *identifications croisées* grâce à quoi se règlent la différence des sexes et la différence des générations.

L'inconscient est donc la base structurelle de l'organisation de l'affectivité dans la dimension de la sexualité. Une courte incursion dans le domaine de la folie va nous en apporter quelques preuves.

Éloge de la folie

Toute société, afin de se survivre, doit régler deux sortes d'urgences vitales : *produire* et *se reproduire*. Les *rapports de production* règlent la relation de l'être humain avec la nature extérieure dont il soutire de quoi vivre grâce à ses *forces productives*. Les « rapports de parenté » règlent la relation de l'être humain avec la nature « intérieure », c'est-à-dire la *sexualité*. C'est le caractère mixte de la sexualité, à la fois *naturelle et sociale* (du fait de la division de toute espèce animale en *deux* sexes opposés et complémentaires) qui nécessite cette organisation : *la différence des sexes est à la fois naturelle et fondamentale pour maintenir l'ordre humain*. Ainsi, l'enfant humain à sa naissance entre dans un *ordre culturel* dont la loi cachée préside aux modalités de son élevage selon un dispositif qui assigne à la « mère » et au « père » des fonctions spécifiques, grâce à quoi lui sera assuré — plus ou moins bien, de façon toujours *assymptotique — la possibilité de l'assomption psychologique de son sexe biologique*. Si le sexe biologique et le sexe psychologique ne coïncidaient pas dans la majorité des cas, l'ordre humain disparaîtrait.

La folie tente la subversion de cette loi cachée, ou plutôt, elle fait éclater l'organisation psychique au sein de laquelle les « forces » internes issues de la sexualité biologique et les « contraintes » externes qui assurent sa socialisation maintiennent entre elles un équilibre précaire et fragile. En effet, toute la difficulté théorique de cette problématique de la constitution du désir tient dans le fait de la *nature « mixte »* de la pulsion, biologique par « le bas », psychique par le « haut ».

Si l'on a bien à l'esprit la dépendance originaire de l'enfant humain à l'endroit de ses éleveurs, si l'on tire toutes ses conséquences de cette logique de la « manipulation par autrui », on peut comprendre et admettre la notion d'*étayage* de la sexualité qui donne naissance aux pulsions partielles, sur la base de « l'expérience de satisfaction » liée aux grands besoins d'autoconservation. La satisfaction du besoin, qui réduit la tension et rétablit l'équilibre homéostatique de l'organisme dans le cadre d'une situation constitutivement relationnelle, crée chez l'individu la *recherche du plasir corrélatif de la sédation du déplaisir :* cette recherche du plaisir, on peut l'appeler « *libido* ». Sa *force incoercible* est liée à la double nécessité portée par « l'expérience de satisfaction » : satisfaire le besoin physiologique (la *faim,* dans l'exemple princeps de la pulsion orale) et apporter la *sécurité,* exigence impérieuse corrélative de l'état de détresse originelle.

Ainsi, l'organisation des désirs (inconscients) comporte une rigidité et une dynamique compulsive qui est le résultat d'une sorte de compromis entre les forces pulsionnelles et les modalités de l'intériorisation des nécessités de l'environnement néo-natal. Le modèle de « l'appareil psychique », conçu par Freud, cherche à tenir compte de cet ensemble de données. On conçoit la fragilité et l'instabilité de cet équilibre, et le caractère nécessairement *conflictuel* de la vie psychique : conflits intrapsychiques entre « instances », conflits liés aux nécessités de la réalité extérieure.

L'angoisse est ainsi constitutive de l'existence humaine, s'exprimant à l'état brut dans la situation de détresse originelle, du fait de l'impuissance du nouveau-né à faire face aux excitations externes et internes, puis soumise à une sorte de *gestion* d'une efficacité relative, réalisée par l'équilibre des diverses instances intrapsychiques.

La folie pousse au plus loin qu'il est possible cette *explosion de l'angoisse,* mais, par une sorte de *gestion paradoxale,* elle en réorganise les effets selon des variantes diverses : cette gestion à rebours de l'angoisse, qui vise à la rendre plus supportable, se traduit par les différents symptômes que la clinique psychiatrique range en rubrique sous la dénomination de « maladies mentales ». De l'état psychique dit « normal », à la folie la plus désorganisatrice, en passant par toute la gamme des « névroses », tout est une question d'angoisse plus ou moins bien gérée. Dans la folie, cette gestion est réalisée à minima : le sujet est amené à se constituer des systèmes de corrélations plus ou moins complexes et plus ou moins cohérents pour s'expliquer à lui-même — et maîtriser — son malaise intérieur. Or, l'univers intérieur du sujet est constitué essentiellement des éléments de la *sédimentation active* de l'intériorisation de la relation aux êtres porteurs de la *nourriture affective,* c'est-à-dire « les parents ».

Ainsi, la relation aux parents est constitutivement contradictoire : elle est à la fois sédatrice de l'angoisse et génératrice de l'angoisse. « L'amour des parents » se paie du prix de cette gestion bancale de l'angoisse.

L'élevage, puis l'éducation sont imprégnés d'une sorte de *chantage affectif,* la plupart du temps involontaire et inconscient (parfois, hélas, plus ou moins volontaire et très conscient) lié à la structure même du champ des relations enfants-parents. Une cuillerée pour (l'amour de) maman, une cuillerée pour (l'amour de) papa, telle est la rengaine structurelle nécessaire qui préside aux destinées du petit de l'homme. Et ce n'est pas le « familianisme » freudien qui est en cause, malgré quelques détracteurs professionnels de la psychanalyse qui ont lu Freud distraitement dans le train : toute société, toute culture possède sa batterie de *rites d'élevage et d'initiation* qui traduit au niveau du concret quotidien les effets de la « loi cachée » qui informe tout ordre culturel.

La « famille » occidentale a perfectionné au plus haut point de complexité cette batterie qui, tout compte fait, n'est pas tellement plus simple dans la « famille » traditionnelle africaine, comme le montre Henri Collomb dans ses travaux. (Voir notamment l'article intitulé : « Le lignage, le groupe, la psychose », *in : Psychanalyse à l'Université,* tome IV, n° 16, septembre 1979.)

L'entrée dans l'ordre culturel nécessite non seulement un dressage pulsionnel qui assure la satisfaction différée, c'est-à-dire la structuration du désir, elle nécessite non seulement un système d'assignation des *places sexuelles* qui assure le maintien de l'ordre humain, mais elle instaure — par ce fait même — entre les différents protagonistes du groupe « familial », une *relation de dépendance réciproque* qui est incontournable, sauf, bien entendu, à vouloir éliminer l'affectivité, ce qui est du domaine de la science fiction.

En effet, si les « sentiments » constituent la *forme idéologique* que prend la vie affective selon le contexte socioculturel et historique, la vie affective elle-même est le ciment nécessaire qui assure la cohésion, même contradictoire, de tout groupe humain, comme de tout individu. C'est le degré de cohésion du groupe qui assure la possibilité de cohésion interne de l'individu. C'est pour cette raison qu'en période de « crise » — crise des « institutions », crise des « valeurs », etc., qui traduisent le relâchement de la trame du tissu social — la cohésion interne des individus est mise à mal. Le rapport entre « histoire individuelle » et « histoire collective » se situe à ce niveau-là.

L'individu doit se sentir en accord avec lui-même, en accord avec ses proches, en accord avec son groupe ou, en tout cas, se donner un système cohérent d'explication de ses éventuels désaccords. Sinon, il devient la proie d'un *conflit d'instances,* qui réalise la traduction, *intrapsychique,* des antagonismes vécus dans la réalité extérieure. Mais, c'est la fragilité de l'équilibre entre les instances intrapsychiques qui les voue au conflit permanent, et rend ce conflit responsable virtuel de la déstabilisation psychologique.

Si l'affectivité est *l'antidote* de l'angoisse, elle en devient, par le même coup, la source : si elle vient à manquer elle suscite ce questionnement douloureux qu'on appelle la *culpabilité.* Le sentiment de culpabilité marque le commencement de l'escalade dans les conflits d'instances. On le retrouve, à minima, dans tous les débats intérieurs, ce qu'on appelle les « problèmes de conscience ». On le trouve de façon plus aiguë, dans tous les états psychiques pathologiques, ce qu'A. Hesnard appelle « *l'univers morbide de la faute* ». Citons : la *névrose obsessionnelle, la psychose mélancolique, le délire de persécution,* etc. Chaque fois, c'est le *Sur-Moi* qui demande des comptes.

L'impérialisme ravageur du Sur-Moi est une constante de l'existence humaine. Quand on s'interroge sur ce qui « fait marcher » les hommes, certains répondent : le sexe, l'argent, ou la violence, etc. En réalité, le ressort le plus actif des conduites humaines, c'est la *culpabilité.* « Faire marcher » les hommes à la culpabilité, c'est le carburant le moins onéreux, le plus efficace, et de plus, il est inépuisable. La pathologie mentale en fournit une démonstration permanente.

La folie recèle le « secret » du « fait humain » car elle exprime, *en dessous* du mouvement historique des rapports de production, une *sorte de permanence infra-historique* qui est liée aux processus de structuration du désir, en rapport avec le caractère mixte de la sexualité humaine.

Les thèmes sexuels que l'on retrouve dans les différents troubles mentaux, déguisés ou explicites (comme dans les rêves), sont liés au questionnement fondamental de l'être humain quant à son *identité* : qui suis-je ? que suis-je ? suis-je un *homme* ? suis-je une *femme* ? L'existence du *transsexualisme* montre bien que ce questionnement n'est pas un simple badinage.

Faisant référence à son expérience de la psychiatrie africaine, Henri Collomb écrit, dans le texte que nous avons déjà cité : « Faire de la psychose la conséquence de la perte de la lignée et/ou de la dislocation du groupe, c'est aussi reconnaître sa nature sociale. Les cultures africaines l'ont reconnu, les procédures préventives, les techniques de soins sont fondées sur ce postulat. » (P. 637.)

Les cultures occidentales sont plus « individualisantes », plus « morcelantes », mais on retrouve des déterminations pathologiques et une pathologie voisine dans ce qu'on appelle le « malaise de la jeunesse », dans la mesure où la perte des *repères identificatoires* liés au caractère de plus en plus incertain des images parentales permet de comprendre le développement de ce qu'on appelle la *pathologie « border-line »*. C'est la dislocation du groupe familial, l'incertitude des *rôles* et des *fonctions* parentaux, le fait qu'il n'existe pas pour l'instant (peut-il en exister ?) une structure de remplacement, qui rend de plus en plus difficile au jeune d'aujourd'hui de trouver les contours de sa personnalité.

Cette « *crise d'identité* » se retrouve dans de nombreux secteurs de la vie sociale, dans de nombreux domaines de la vie professionnelle. Plus une société est structurée et rigide, plus les rôles sont définis dans des cadres sociaux précis, mieux l'identité professionnelle ou l'identité sociale permet d'assurer l'identité individuelle. Inversement, en période de crise sociale grave, les différents repères extérieurs qui permettent de conforter les bases de *l'« Idéal-du-Moi »* qui fonctionne également à partir de mécanismes d'identification, ces différents repères s'effritent, en même temps que s'effritent les institutions et les systèmes de valeurs qui les soutiennent.

L'Idéal-du-Moi est porteur des « idéaux » de la personne, c'est-à-dire du « projet d'être » de l'individu, il est l'instance intrapsychique qui joue une sorte de rôle d'*autorégulation narcissique,* et il sert aussi d'intermédiaire entre « l'intérieur » et « l'extérieur ». On voit ainsi comment les instances intrapsychiques, tout en conservant leur autonomie d'origine et de fonctionnement, subissent les contrecoups des modifications de la réalité extérieure, quand celle-ci met en cause les *intérêts narcissiques* de l'individu.

Et la biographie maintenant ?

Ainsi, une biographie, c'est ce qui permet de comprendre le *sens d'une vie,* dans ses choix fondamentaux : choix amoureux, choix professionnels, choix idéologiques.

La pathologie mentale montre l'importance de la *vie affective,* c'est-à-dire d'une gestion équilibrée des conflits intrapsychiques. Quand les conflits d'instances deviennent trop aigus, la lutte entre « forces » pulsionnelles et « forces » d'autorégulation se fait à ciel ouvert : sous l'effet de la pression des tensions internes, il y a *rupture de la continuité psychique* (ce qu'on appelle la « conscience »), alors, l'inconscient émerge, comme dans un rêve, ou plutôt, comme dans un *cauchemar éveillé.*

Dans le texte plus haut cité, H. Wallon fait mention de cet « autre » intérieur, de ce « socius », pour expliquer différents états psychiques liés à la *psychose hallucinatoire* : les idées d'influence, l'automatisme mental, etc. Il note que : »*L'alter* qui s'émancipe devient agressif. » Et il ajoute cette phrase très profonde : *« C'est comme sa revanche contre l'état de domestication dans lequel le sujet pensait le maintenir.* » (Souligné par moi, B. M., p. 285.) La métaphore de la « domestication » n'est pas innocente : H. Wallon, bien qu'il s'en défende, à l'intuition du caractère « sauvage » des « forces » enserrées dans les réseaux de l'inconscient, et que la folie libère au hasard des déstructurations du psychisme, subordonnées à l'état de stabilisation et d'équilibre réciproque des imagos maternelle et paternelle.

La biographie, pour rendre compte des caractéristiques d'une personnalité, doit tenir compte d'un *entrecroisement de causalités,* ce que G. Politzer appelle les « rapports entre la loi psychologique individuelle et la loi historique ». (*La Fin de la psychanalyse, in : Écrits II,* p. 293.)

La « loi psychologique individuelle », celle qui dicte les « choix » est conditionnée par la structuration affective de l'individu, c'est-à-dire sa *préhistoire infantile.* Mais cette préhistoire elle-même dépend d'une organisation des images parentales qui renvoie aux relations réciproques entre les parents, dans leur réalité comme dans leurs caractéristiques imaginaires. Par exemple, une « mère » satisfaite sexuellement et affectivement par un « mari », dont la « réussite sociale » correspond à ses désirs profonds, n'ira pas chercher auprès de son « fils » des compensations qui aliéneraient ce dernier dans une dépendance affective invalidante.

Un homme, qui cherche dans un hyperactivisme professionnel (ou militant) un surplus de réassurance narcissique pour compenser son sentiment d'infériorité risque de devenir, pour ses enfants, un père fantôme dont l'absence psychologique sera préjudiciable à leur équilibre affectif. On peut multiplier ces exemples schématiques, mais ils justifient bien cette thèse de G. Politzer qu'il exprime en ces termes : « Le rôle qu'un individu est amené à jouer ne peut s'expliquer dans ses caractères historiques concrets par l'individu seulement. C'est un rôle engendré par le développement historique, et ce qui dépend de l'individu, c'est le choix que sa "psychologie" fera parmi les possibilités historiquement données d'une époque. Cette "psychologie" ne peut être, elle non plus, séparée de l'histoire concrète de l'humanité. Des "mécanismes psychologiques" sélectionnent les uns pour le rôle de héros et les autres pour le rôle de lâche, *mais ces "mécanismes psychologiques" ont aussi leur genèse historique et leurs conditions sociales d'existence.* » (Souligné par moi B. M., *id.* p. 294.)

Ainsi, le rapport entre « loi psychologique individuelle » et « loi historique » est, au niveau de la biographie, un *rapport d'engendrement réciproque,* la « détermination en dernière instance » dépendra du projet de mise en perspective, qui sera différent selon qu'il s'agit de *comprendre* l'apparition de troubles mentaux, l'éclosion d'une vocation religieuse, ou l'engagement militant dans un parti politique. Dans les trois cas, la dimension affective est présente. Dans le premier, elle est essentielle, et il s'agira d'élucider les ratages de l'histoire infantile. Dans le deuxième cas, la crise mystique peut être la solution à des conflits internes, qui trouvent à s'actualiser dans un contexte culturel où l'interrogation sur le « sens de la vie » est prise en charge par une institution. Dans le troisième cas, la détermination socio-historique paraît prépondérante dans la mesure où un parti politique est porteur des intérêts économiques et idéologiques d'une classe sociale.

Cependant, on pourrait intervertir l'ordre des facteurs, comme dans un collage surréaliste ou un poème à la Prévert : on ferait des découvertes surprenantes ! Ainsi, « loi psychologique » et « loi historique » se convertissent l'une dans l'autre, et on ne peut les distinguer qu'à la condition de choisir des *niveaux d'approche* différents.

Pour éviter cette impasse (qui rappelle la fameuse — et insoluble — alternative de la poule et de l'œuf) il semble intéressant — et heuristique — de mettre l'accent sur la notion de *« crise »,* de *crises existentielles* considérées comme des *moments féconds* dans la vie d'un individu. Ce sont des périodes de grande souplesse psychologique, de grande disponibilité affective, parfois aussi des périodes de fragilité psychologique, durant lesquelles s'effectuent des « choix » importants, ce sont des périodes de *mutation* et de *maturation.* Elles sont à l'entrecroisement des diverses déterminations qui trament la vie d'un individu. Ce sont des périodes où *les conflits internes sont très actifs et rentrent en résonance avec les conflits du monde extérieur.* La biographie, conçue comme l'*histoire d'une succession de crises* : ainsi peut-on sortir de cette alternative stérile entre le « social » et le « psychologique », pour mettre en lumière la *complexité inépuisable* de l'histoire de toute vie humaine.

Résumé. La problématique de la biographie est centrée sur la notion de « *crise* ». La folie est la « crise » majeure, qui met à nu l'inconscient, comme effet de la *double* excentration sociale de l'essence humaine. Les *crises existentielles* sont des moments de grande mobilité affective qui surgissent à l'entrecroisement de l'histoire individuelle et de l'histoire collective, qui apparaissent ainsi dans une relation d'auto-engendrement réciproque. Une biographie doit pouvoir rendre compte du *sens d'une vie,* dans ses choix fondamentaux : choix amoureux, choix professionnels, choix idéologiques.

Georges Politzer et la psychanalyse : un malentendu épistémologique

D'abord « JE ». Les gens de ma génération ont une dette à l'égard de Georges Politzer. Il a été une sorte de référence, au point de vue intellectuel, politique, moral. Il a été, à sa manière, le héros des temps modernes, l'intellectuel communiste véritable, qui a conduit jusqu'au bout, dans sa vie, et par le sacrifice de sa vie, l'unité de la théorie et de la pratique. Aussi, combien paraissent aujourd'hui dérisoires ces petits marchands à la sauvette qu'on appelle « intellectuels de gauche », prêts à vendre au plus offrant leur irresponsabilité, leur (fausse) mauvaise conscience. Parfois n'importe quoi faute d'avoir une tête convenable à présenter.

Passons à la théorie. On sait que le projet de Georges Politzer était de fonder ce qu'il a appelé la « psychologie concrète ». Il s'agissait d'un discours théorique qui réalise la mise en forme scientifique de la « connaissance pratique de l'homme », la « praktische Menschenkenntnis », c'est-à-dire l'expérience existentielle profonde telle que les romanciers, les poètes, les artistes, peuvent la promouvoir dans leur œuvre grâce à leur intuition créatrice.

Faire la science de la vie quotidienne, donner sa rationalité à la complexité contradictoire du « drame humain », tel était l'esprit de sa démarche théorique. C'est sur cette voie qu'il a rencontré la psychanalyse, dont il est devenu un adepte perspicace et passionné. C'est au long de ce même cheminement qu'il a rencontré le marxisme, à partir de quoi il a renoncé à ses recherches psychologiques pour faire un long détour par l'étude de l'économie, des rapports sociaux, étude qui devait donner à la science psychologique ses véritables fondements.

Cette double rencontre — la psychanalyse, le marxisme — était une nécessité constitutive de sa démarche. Faire une *science* de l'histoire d'un individu, mettre en œuvre une « science de biographe », cela nécessitait de la part de G. Politzer de se donner les moyens conceptuels de dégager ce qu'il appelait « le plan des significations proprement humaines ».

Dans un texte célèbre, il écrit : « M. de ..., jeune, beau, intelligent et riche, a épousé Mlle ..., vieille, laide inintelligente et pauvre. Voilà ce que nous cherchons à comprendre. » Plus loin il ajoute encore quelques exemples relatifs au crime, ou à d'autre péripéties que peuvent rencontrer tel ou tel individu au long de leur existence, en montrant que ni la sociologie, qui étudie le mariage comme institution particulière à la société bourgeoise, ni l'économie politique, qui nous apprend les conditions économiques du crime ou du délit, ne nous disent rient sur les déterminations individuelles du mariage de M. X... ou du crime commis par le sieur Y...[1]

Comprendre le *pourquoi* du comportement d'un individu ou des événements qui trament la vie d'un être, conduit nécessairement à une mise en rapport, une mise en relation des événements et des comportements, qui créent, nécessairement, un *rapport de signification* des uns par rapport aux autres. La signification est impliquée dans le projet de compréhension. C'est le registre de la signification

1. *Les Fondements de la psychologie, Écrits II* (Éditions sociales, 1969), p. 83.

qui introduit la psychanalyse. La psychanalyse, du moins telle qu'elle apparaît dans un premier temps à G. Politzer, est directement branchée sur le plan des significations humaines, parce qu'elle traite des significations individuelles dans leur rapport avec l'histoire individuelle. Dans son principe, et dans sa pratique, elle ne quitte pas le plan du concret. Dans son élaboration théorique, c'est autre chose. Nous reprendrons plus loin cet important problème qui fait l'essentiel de ce travail.

La rencontre avec le marxisme, et ses implications politiques militantes, se fera par intérêt de plus en plus grand accordé à l'économie. L'être humain est un être en situation, dont l'insertion dans les rapports sociaux, dans les rapports de production constitue l'enracinement décisif. C'est le *travail,* et ses structures de mises en œuvre : classes sociales, luttes des classes, etc., qui constituent l'étoffe même de l'existence humaine. Ainsi, le projet initial de G. Politzer de « ... faire passer la tradition de la connaissance empirique de l'homme de l'état d'empirisme à l'état de science positive », évolue vers l'ambition d'une *psychologie matérialiste* « enchâssée dans l'économie ».

Toute cette évolution intellectuelle — interrompue tragiquement par les balles nazies de telle sorte qu'on ignore quelle aurait été sa véritable issue — est marquée par un double malentendu.

D'une part, le parallèle « marxisme-psychanalyse », qui a parasité pendant de nombreuses années la recherche marxiste dans le domaine de la psychanalyse en mettant sur le même plan une *science en formation,* la psychanalyse, et un ensemble théorico-idéologique, le « marxisme » constitué lui-même de deux parties de nature différente : le matérialisme historique, structure épistémologique d'une science de l'histoire et des formations sociales, et le matérialisme dialectique, philosophie militante cherchant à introduire un principe de cohérence entre les diverses pratiques sociales, scientifiques et politiques, en généralisant au plus haut degré d'abstraction les principes théoriques de la mise en œuvre de ces pratiques sociales multiples.

D'autre part, une conception étroite du « marxisme », réductrice, essentiellement idéologique et politique qui au lieu d'en faire un guide actif et dynamique pour la recherche scientifique risquait de le ramener à un moyen d'utilisation des autres sciences à des fins d'illustration de ses propres thèses. C'était à l'époque des titres du genre « Marxisme et... » ceci ou cela, c'est-à-dire telle ou telle discipline scientifique, dont la finalité « pédagogique » au niveau de la diffusion du marxisme était positive, sans pour autant représenter un véritable effort de *recherche* scientifique.

Derrière ces formulations « pédagogiques », qui devaient ultérieurement — dans les années cinquante — se théoriser sur le thème désastreux « science bourgeoise — science prolétarienne », se profilait un problème sérieux et difficile : celui des rapports qu'entretient la science, toute science, et notamment les sciences sociales et humaines, avec l'ordre social, ses structures économiques, et ses impératifs idéologiques et politiques.

Nous reprendrons ce problème plus loin.

Les rapports de G. Politzer avec la psychanalyse sont à la fois passionnels et ambivalents. Dès le début, il s'en est fait un défenseur ardent, dans une polémique acerbe et persévérante avec les philosophes et les principaux représentants de la psychiatrie française, qui dans les années vingt, ont une réaction de rejet devant cette « science » qui leur paraît mieux convenir à l'esprit fumeux des Germaniques qu'à la pensée claire et rationnelle des Latins.

L'argumentation contre la psychanalyse est évidemment pauvre et dérisoirement xénophobe. Seul Politzer, procédant d'un point de vue résolument rationaliste, aura la perspicacité (méritoire, compte tenu des résistances que rencontre l'introduction de la psychanalyse en France à cette époque) de comprendre que la psychanalyse, justement, cherche à introduire la rationalité dans ce qu'il y a de plus irrationnel en l'homme : *la vie affective.* Mais il ne formule pas sa problématique en ces termes, bien que, en filigrane, dans son projet de « psychologie concrète », on sent bien que l'intuition fondamentale en est que ce qui constitue la *singularité de l'individu,* c'est sa vie affective.

Toute l'œuvre psychologique de G. Politzer est précisément marquée par cette recherche de la *singularité,* du caractère *unique* de chaque histoire individuelle. Chaque histoire individuelle est un agencement particulier d'événements (les « actes ») qui constitue ce qu'il appelle le « drame ».

Comment, à travers l'histoire singulière de chaque individu, sont répercutés et *agissent* les échos de la grande histoire, c'est là tout le problème de la constitution d'une « science de la biographie ». C'est à partir de là que s'opère le glissement, source de confusion concernant la nature et le statut de la psychanalyse. En d'autres termes, G. Politzer *va demander à la psychanalyse autre chose, et plus, que ce qu'elle peut donner.*

Ainsi résumée notre problématique, nous allons la développer selon trois axes principaux.

1) Les critiques de G. Politzer à l'endroit de la psychanalyse.

2) Le malentendu épistémologique.

3) Les causes philosophiques et idéologiques de ce malentendu.

Les critiques de G. Politzer à l'endroit de la psychanalyse

On sait que G. Politzer est passé d'une période d'adhésion enthousiaste à une période de critique absolue. De son premier article intitulé « Médecine ou philosophie » (publié dans la revue *Philosophie* en novembre 1924) au dernier intitulé significativement « La fin de la psychanalyse » (publié en octobre 1939, dans *La Pensée* sous le pseudonyme de Th.W. Morris, car le PCF est alors interdit et devenu clandestin), la trajectoire marque bien le passage de l'intérêt critique à la négation sans rémission.

Dès le début, G. Politzer reproche à Freud le caractère de bricolage théorique de son appareil conceptuel. Ainsi, dès ce premier texte, il écrit :

« La charpente théorique de la psychanalyse est tout ce qu'il y a de plus provisoire. Les théories que Freud appelle lui-même "topiques" à savoir la distinction entre l'inconscient, le préconscient et le conscient sont de grossières hypothèses de travail, de même que les hypostases comme la censure, le refoulement, et même la libido. »[1]

Il fait le grief — cent fois ressassé depuis — à Freud d'avoir emprunté son langage et ses explications à la psychologie du 19e siècle et il affirme, péremptoirement : « Il ne faut pas être très clairvoyant pour deviner que la psychologie ne pourra s'assimiler la psychanalyse qu'en la remettant à neuf. »[2]

Quinze ans plus tard, dans son article de *La Pensée*[3] écrit à l'occasion de la mort de Freud, il reprend une argumentation assez voisine. La critique, en apparence, est radicale. G. Politzer reproche à la psychanalyse son idéalisme vitaliste et le matérialisme biologique qui lui servent d'armature théorique. Ses critiques épistémologiques reprennent les argumentations antérieures concernant l'utilisation par Freud de notions empruntées aux sciences de son époque, et qui sont inadéquates à rendre compte de ses propres découvertes.

Mais la critique de fond tient dans la phrase suivante (que nous avons rabâchée durant de nombreuses années sans vraiment l'approfondir) « la psychanalyse explique l'histoire par la psychologie, et non pas la psychologie par l'histoire ». Tout tourne autour de cette problématique qui est centrale pour G. Politzer. Cependant, dans ce texte qui semble une condamnation sans appel, on aperçoit des

1. « Médecine ou philosophie », *in Philosophies,* novembre 1924.
2. *Ibidem.*
3. « La fin de la psychanalyse », sous le pseudonyme de Th.W. Morris, *La Pensée,* n° 3, octobre, novembre, décembre 1939.

nuances que la pensée marxiste a ultérieurement escamotées.

En examinant ces critiques de plus près, on peut faire jouer un certain nombre de contradictions qui, d'une part, sont fructueuses pour un approfondissement des problèmes épistémologiques posés par la psychanalyse, mais qui, d'autre part, mettent à jour une véritable méprise opérée par G. Politzer concernant le champ scientifique découvert par Freud. Ainsi peut-il écrire :

« A supposer que les complexes fondamentaux comme le "complexe d'Œdipe" et le "complexe d'Ariane" existent réellement avec les caractères et les proportions que leur donnent les psychanalystes, ce sont là des "mécanismes" qui pourraient, tout au plus, expliquer l'inclination d'un individu vers tel type d'action avec ses caractères historiques concrets. »[1]

Plus loin, faisant allusion à la « bestialité nazie » et tous les problèmes très complexes qu'elle soulève, il précise : « Cependant, si l'on peut à la rigueur expliquer pourquoi un nazi X... plutôt qu'un nazi Y... accepte de jouer un rôle de tortionnaire dans un camp de concentration, cela n'explique pas le nazisme en tant que phénomène historique. »[2]

Toute sa problématique *(qui reste encore actuelle)* tient dans la phrase suivante : « Des "mécanismes psychologiques" sélectionnent les uns pour le rôle de héros et les autres pour le rôle de lâches, mais ces "mécanismes" ont aussi leur genèse historique et leurs conditions sociales d'existence. »[3]

Il pose ainsi en ces termes le rapport entre « psychologie individuelle » et « rapports sociaux » : « Le rôle qu'un individu est amené à jouer ne peut s'expliquer dans ses caractères historiques concrets par l'individu seulement. C'est un rôle engendré par le développement historique, et ce qui dépend de l'individu, c'est le choix que sa

1. *Ibidem.*
2. *Ibidem.*
3. *Ibidem.*

“psychologie” fera parmi les possibilités historiquement données d’une époque. »[1]

Nous aurons à discuter ultérieurement cette importante problématique. Ce qu’on peut retenir dès maintenant, c’est ceci : les événements historiques suscitent tel ou tel mouvement politique, disons le nazisme par exemple, dont l’avènement est à rechercher dans des déterminations économico-sociales, l’inclination d’un individu à devenir tortionnaire d’un camp de concentration est à rechercher dans sa « psychologie individuelle » (disons : ses tendances sadiques) ; mais cette « psychologie, affirme G. Politzer, ne peut être, elle non plus, séparée de l’histoire concrète de l’humanité ».

Reprenons : « Le rôle — dit G. Politzer — est engendré par le développement historique. » Par exemple : être tortionnaire. D’accord. Ou encore : être boucher, ou chirurgien, ou un mari persécutant sa femme. D’accord « boucher », « chirurgien », « mari », chacun de ces « rôles » est engendré par le développement historique et social. Mais les *tendances sadiques elles-mêmes* ont-elles, elles aussi, « leur genèse historique et leurs conditions sociales d’existence ». C’est un problème de fond qui, nous semble-t-il, marque les limites et les impasses de la problématique politzérienne, limites et impasses qui sont à rechercher dans ce qu’on pourrait appeler son ***ambivalence épistémologique*** à l’endroit de la psychanalyse.

Cette ambivalence, qui apparaît nettement, comme nous l’avons vu dans ce dernier texte de 1939, qui se veut pourtant définitif (« il est vraisemblable aujourd’hui, dit G. Politzer, que la psychanalyse subira un sort analogue à celui de la phrénologie et de l’hypnotisme. Comme eux, elle appartient déjà au passé »), cette même ambivalence apparaît dans la critique brillante et perspicace qu’il articule dans son livre fondamental *Critique des fondements de la psychologie* paru en 1928, et dont on attend toujours que certaines de nos stars actuelles de la « philosophie » des

1. *Ibidem.*

hit-parades télévisés produisent un écrit aussi riche et aussi profond.

Dans cet ouvrage, qui constitue l'œuvre centrale de G. Politzer, tout tourne autour du parallèle « psychologie concrète — psychanalyse ». La thèse en est la suivante : la psychanalyse, qui par son champ d'intérêt et sa pratique — l'individu singulier — traduit dans les faits ce que G. Politzer exige d'une « psychologie concrète », tourne le dos à son inspiration fondamentale dès lors qu'elle s'institue en discours théorique. En quelque sorte, la psychanalyse ne se donne pas la théorie qu'elle mérite. Une telle critique vaut la peine qu'on la prenne au sérieux et qu'on l'approfondisse.

Rappelons que pour G. Politzer, la psychologie « *concrète* » est la science de l'histoire d'un individu, la psychologie « *abstraite* » au contraire s'occupe de « notions », de « faits mentaux », de « mécanismes », elle substitue des ***histoires de choses*** à ***l'histoire des faits humains***. Quelques citations suffiront à montrer comment G. Politzer annonce tout de suite la couleur. Il écrit :

« Ce qui caractérise une science, c'est une certaine sagesse concernant un domaine déterminé, et, grâce à cette sagesse, un certain pouvoir sur les choses appartenant à ce domaine. Il n'y a pas de science féconde là où ne se retrouvent pas ces deux caractères de sagesse et d'efficacité. »[1]

Pour lui, la psychologie traditionnelle est aux antipodes d'une telle ambition, elle tourne en rond dans un travail notionnel stérile et, ajoute Politzer : « Vous avez raison : le psychologue ne sait rien et ne peut rien. Il est le parent pauvre dans la grande famille des serviteurs de la science. (...) Mais le psychologue se comporte aussi bêtement devant un homme que le dernier des ignorants, et, chose curieuse, sa science ne lui sert pas quand il se trouve avec l'objet de sa science, mais exclusivement quand il se trouve avec des "confrères". »[2]

1. *Critique des fondements de la psychologie* (PUF, 1967), p. 27.
2. *Ibidem*, p 27.

Plus loin, il dit encore, abordant la psychanalyse :

« La première chose qui frappe dans la psychanalyse, c'est que le psychologue peut acquérir par elle une sagesse réelle... Car, de même que dans le cas du physicien, l'efficacité pratique du *savoir* du psychanalyste est révélatrice du fait que nous sommes en présence d'une *découverte véritable.* »[1]

Ainsi donc se trouvent posés les termes de la problématique de G. Politzer. La psychologie classique ne nous apprend rien sur l'homme parce qu'elle parle d'autres choses qui ne le concernent pas : de processus mentaux abstraits, de notions formelles, etc. « La psychanalyse est une psychologie "concrète" parce qu'elle apporte un savoir réel sur l'homme. »[2]

Toute l'argumentation critique de G. Politzer va tourner autour de la *notion d'inconscient.*

Pour Politzer, la psychanalyse n'a pas besoin de la notion d'inconscient pour rendre compte des faits qu'elle a découverts. C'est parce qu'il retombe dans les impasses de la psychologie traditionnelle (résumée par Politzer dans la trilogie : *réalisme, abstraction, formalisme*) que Freud est infidèle à l'inspiration fondamentale de sa découverte.

La discussion va se faire, bien entendu, à propos des problèmes soulevés par le *rêve,* « voie royale pour la découverte de l'inconscient », selon Freud. Le privilège accordé au rêve tient au fait que Freud a élevé celui-ci à la dignité de fait psychologique « au plein sens du terme » (et, nous le savons, de *modèle heuristique* pour la compréhension des faits psychopathologiques), et qu'il a inauguré une technique *d'interprétation* qui introduit la nécessité de la catégorie de *signification,* centrale dans la conceptualisation politzérienne. En effet affirme G. Politzer :

« Le fait psychologique n'est pas le *comportement simple,* mais précisément le *comportement humain,* c'est-à-dire le *comportement en tant qu'il se rapporte, d'une*

1. *Ibidem,* p. 30.
2. *Fondements de la psychologie, Écrit II, op. cit.,* p. 85.

part, aux événements au milieu desquels se déroule la vie humaine, et, d'autre part, à l'individu, en tant qu'il est le sujet de cette vie. Bref, le fait psychologique, c'est le comportement qui à un *sens humain.* »[1]

Le rêve répond à tous ces critères, il réalise bien une sorte de « drame » dont l'étrangeté du scénario prouve dans le même mouvement qu'on a affaire à une histoire individuelle dont il est nécessaire de dégager les *significations* de cette gangue insolite.

G. Politzer critique alors la distinction opérée par Freud entre *contenu manifeste* et *contenu latent.* Pour lui, il n'y a qu'un seul contenu : le contenu latent. Ce que Freud appelle le contenu manifeste, c'est le *récit* du rêve (fait par le rêveur).

Pour Politzer, et c'est là l'essentiel de son argumentation, le contenu (latent) du rêve est *déjà* dans le récit (manifeste). Simplement, ce contenu n'a pas trouvé de *« signes adéquats »* pour s'exprimer. En dehors des significations conventionnelles, il y a les significations privées qui, dans le rêve, s'expriment sous un déguisement qu'il s'agit de savoir démonter.

Par conséquent, il n'est pas nécessaire de faire appel à une structure spéciale, l'inconscient, pour rendre compte de la signification du rêve. Pour souligner cette *immanence du sens au récit,* G. Politzer use d'analogies très évocatrices. Le rapport du *manifeste au latent,* Politzer nous le fait sentir par différentes comparaisons : c'est la relation scénique qui relie une pièce de théâtre à son thème, sans qu'il y ait à supposer que ce thème soit quelque part déjà inscrit ; c'est la relation d'immanence qui fait que dans une partie de tennis les règles sont présentes de façon implicite, c'est-à-dire qu'elles ne sont pas indépendantes du jeu lui-même.

De la même façon, le récit du rêve contient sa signification, qu'il faut dégager par une méthode particulière d'interprétation. En postulant l'existence de l'inconscient

1. *Critique des fondements de la psychologie, op. cit.*, p. 248-249.

comme structure particulière, Freud sombre dans le « réalisme », qui consiste à substituer le mouvement abstrait d'entités psychiques à l'expression concrète du « Je ». Ainsi, toute la métapsychologie freudienne est une concession dangereuse à la psychologie classique qui dénature dangereusement son inspiration fondamentale. G. Politzer peut ainsi écrire : « ...Freud est aussi étonnamment abstrait dans ses théories qu'il est concret dans ses découvertes. »

Le malentendu épistémologique

Ainsi, pour Politzer la notion de l'inconscient n'est que la construction de l'autre comme sujet connaissant. Il écrit : « Les faits de l'inconscient ne sont plus donnés immédiatement, mais construits comme ceux des autres sciences. »[1]

Il précise encore : « *Vie* et *connaissance ne sont pas synonymes :* le sujet qui a la vie psychologique n'est pas forcé d'avoir en même temps la connaissance psychologique, sinon la psychologie est inutile. »[2]

On ne peut pas nier la force d'une telle argumentation. Cependant *elle passe à côté de la question.*

Dans ce même ouvrage, *Critique des fondements de la psychologie,* G. Politzer accorde une grande importance et un grand crédit à deux concepts freudiens fondamentaux : *le complexe d'Œdipe, l'identification.* Sa connaissance de la psychanalyse est sérieuse, et son intuition est profonde. Cependant, c'est l'essence même de la psychanalyse qui lui a échappé, faute de ne pas avoir suffisamment interrogé *la pratique.* En effet, dans les différents concepts et notions freudiennes dont il fait état, soit pour les critiquer, soit pour examiner leur caractère opératoire, il en manque un et de taille : le grand absent de cet examen serré de

1. *Ibidem,* p. 208.
2. *Ibidem,* p. 207.

l'appareil conceptuel de la psychanalyse, c'est le *transfert*. Or, le transfert est le moteur de toute relation thérapeutique, quelle qu'en soit la réalité pratique : psychothérapie, psychanalyse, etc., et sans la compréhension du transfert, c'est toute la psychanalyse qui s'évapore.

Ainsi, discutant la part de l'infantile dans le scénario du rêve, et commentant la phrase de Freud selon laquelle la régression fait apparaître le rêve comme un retour au plus ancien passé du rêveur, comme une réminiscence de son enfance et des modes d'expression dont elle a disposé, Politzer écrit :

« Ici, il n'est plus question du passage de l'idée à l'image, et du souvenir à la perception hallucinatoire, mais de la renaissance d'une forme antérieure de vie de l'individu, avec tout ce que la manière d'être et de vivre d'une certaine façon implique, débordant idées, images et perceptions. »[1]

Or, il n'est pas possible de comprendre le rêve comme *satisfaction hallucinatoire du désir* (et par conséquent de comprendre la *psychose*) si on en reste à une vue platement phénoménologique de l'immanence du sens dans le récit.

C'est la compréhension du *transfert*, tel qu'il se manifeste dans une *cure psychanalytique*, qui introduit une dimension supplémentaire. La régression qui s'y opère, et qui fait réapparaître des désirs pour lesquels il y a déjà eu prescription, la *force* des mouvements émotionnels et affectifs qui en surgit et ne laissent pas d'étonner chaque fois le praticien qui se trouve confronté à des *violences passionnelles* (en positif ou en négatif), tout cet ensemble de données nécessite l'introduction d'une *dimension conceptuelle supplémentaire* qui échappe à l'exégèse politzérienne.

C'est la nécessité de rendre compte de la *dynamique du transfert*, dans ce que celle-ci peut avoir de *contraignant* et de *répétitif*, qui oblige à postuler l'existence de *l'inconscient comme structure séparée*. En se centrant sur la « Traumdeu-

1. *Ibidem*, p. 283.

tung » (comme pour la « Psychopathologie de la vie quotidienne »), G. Politzer a couru le risque de faire un énorme contresens à propos de la psychanalyse. L'étude du rêve risque une mise à plat de la psychanalyse qui conduit à la découverte d'une sorte d'*inconscient textuel*. La cure, au contraire, est la *psychanalyse en actes*, une aventure existentielle à deux qui donne de la *vie* à ce qui risque, autrement, d'apparaître comme un théâtre de marionnettes.

Dans son souci, légitime, de rigueur matérialiste, Politzer a manqué la dimension du *temps*, comme si l'histoire infantile était à lire dans les pores de la peau de l'histoire adulte. Comme si l'on pouvait lire sur la photo d'un enfant le visage de l'adulte qu'il va devenir, et, réciproquement, sur la photo de l'adulte, le visage de l'enfant qu'il a été.

L'histoire infantile, du moins une partie d'entre elle, est *sédimentée* sur une *« autre scène »*, rigide et stéréotypée, programmée quasiment comme un ordinateur, régissant les comportements de l'adulte. Tout au long de la cure analytique apparaissent des tentatives de satisfaction, liées aux désirs régressifs, qui se traduisent soit dans le discours direct du patient, soit dans ses fantasmes, soit dans ses rêves. Parfois certains passages à l'acte (dans la cure, ou hors de la cure) soulignent la force de ces désirs. La cure n'est opérante que parce qu'elle réédite, à chacune de ses étapes, des *moments relationnels privilégiés*.

Ce sont ces *expériences relationnelles privilégiées* qui constituent l'inconscient en structure séparée. En effet, *leurs accès n'est pas direct*, ni facile et il n'est possible que par la cure, les mouvements de transfert qu'elle induit et les interventions *mutatives* de l'analyste. Or chaque étape relationnelle privilégiée (ce qu'on appelle les « stades »), qui est inscrite dans *l'histoire* du sujet, n'est repérable non plus en tant qu'histoire, mais comme *structure* de « l'appareil psychique ». *Le temps s'est transformé en espace.*

Or, Politzer affirme de façon péremptoire que *la psychanalyse doit se passer d'hypothèses de structures*, sinon elle retombe dans l'abstraction et le formalisme de la psychologie traditionnelle, alors que l'abstraction est une nécessité, dès qu'on s'élève à un certain niveau de théorisation. C'est vrai que le formalisme est l'infirmité chronique de toute théorisation, notamment en psychologie.

Le grand mérite de G. Politzer, c'est de mettre en garde contre ces dangers et de tenter une sorte de *méthodologie de leur prophylaxie.* Œuvrant pour *une psychologie sans « vie intérieure »,* Politzer répugne à prendre en charge la notion de « psychisme » qui lui apparaît comme une entité métaphysique, que le projet de psychologie concrète doit justement viser à éliminer. G. Politzer *renouvelle complètement la problématique de la psychologie :* reste à savoir s'il prend concrètement en charge les faits mis à jour par la psychanalyse. Ainsi, la pratique psychothérapique issue de la psychanalyse postule *l'efficace de l'infantile dans la constitution de la névrose.*

Or, l'adulte n'est plus un enfant : comment atteindre cet « infantile » en lui ? Le travail psychothérapique est donc un travail sur les « images » (les images parentales), c'est-à-dire la représentation des parents telle qu'en a été intériorisée la relation avec eux. Toutes ces formulations : « représentations », « intériorisation », « images », etc., sont loin des critères de la psychologie concrète. Elles font référence, explicitement, à des « structures intrapsychiques », qui réalisent l'organisation, dans un espace psychique fictif, des étapes de l'histoire infantile, telle qu'elle a été vécue par le patient, et telles qu'en sont réactualisées certaines péripéties dans la relation transférentielle.

La relation transférentielle restitue, en *horizontal,* ce que l'histoire a sédimenté en *vertical :* or, cette histoire *passée,* dont les effets persistent à distance (dans le *temps*), on ne peut la reconstituer qu'à l'aide de structures intrapsychiques. Sinon, des notions telles que *résistance, défense, conflit psychique,* etc., qui expriment tout au long de son déroulement la dynamique de la cure, n'auraient aucun sens et aucune utilité opératoire.

G. Politzer lui-même, quand il fait état du *complexe d'Œdipe,* assure bien qu'il s'agit, par son intermédiaire, d'expliquer un comportement donné par quelque chose de plus « *profond* ».

Toute la conceptualisation psychologique se meut au niveau de métaphores qui cherchent à mettre en évidence la transformation du temps en espace : la métaphore de la « profondeur » est exemplaire de ce point de vue-là.

De ce fait, certains auteurs contemporains n'hésitent pas à nier toute valeur à la théorisation, notamment en psychanalyse, et affirment préférer la « *théorie-fiction* », à la théorie tout court. Cette démission de la pensée scientifique et rationnelle ne doit rien à Freud : elle est un effet de la débandade idéologique liée à la crise actuelle. Il faut rendre cette justice à G. Politzer de son effort de rigueur, pour donner à la théorie toute sa dignité. Ainsi, c'est avant tout une réflexion sur la *pratique psychanalytique* qui pose la nécessité d'un certain *réalisme de l'inconscient.*

L'inconscient, au sens psychanalytique, qu'est-ce que c'est ? On l'a vu, pour Politzer, c'est la *structure latente du récit* (récit du rêve ou discours du patient). Or, le discours du patient (comme le « texte » du rêve, et précisons que dans le cadre de la cure le récit du rêve est *articulé* pour le psychanalyste), ce discours est un *discours en situation,* c'est-à-dire mis en mouvement et organisé par la dynamique du transfert. (Précisons également que ce « discours » peut être aussi un long silence.)

En réalité, c'est *l'affectivité* qui est le moteur de la cure, ce sont les « désordres » de la vie affective qui sont responsables des problèmes psychologiques et psychopathologiques : il faut donc postuler une organisation des structures de la vie affective qui mette l'accent sur des moments « féconds » de cristallisation relationnelle. On en vient ainsi à introduire la notion d'une *sexualité infantile,* branchée *(étayée)* sur les grands besoins d'autoconservation, dont chaque système fonctionnel constitue autant de *zones érogènes* (bouche, anus, cœnesthésies, etc.) à partir de quoi partent les « *excitations* » d'origine endogène, ce que Freud appelle les « *pulsions* ».

Toute la théorisation psychanalytique tourne autour de la difficulté à prendre en charge des manifestations dont le point de départ est biologique — l'excitation pulsionnelle — mais qui s'organisent en expériences « psychologiques » du fait de leur association à des éléments privilégiés de l'environnement. (Environnement néo-natal, relation à la mère, etc.)

L'inconscient freudien est ainsi le système structuré de ces « associations », qui constitue des scénarios avortés de « représentations », « images acoustiques », « schèmes perceptivo-moteurs », qui sont « psychiques » dans leur nature, mais qui présentent une certaine rigidité et une *force* liées à leur accrochage pulsionnel. C'est ce que Lacan a désigné sous le nom de « signifiant » en négligeant progressivement la liaison au « signifié ».

La théorisation psychanalytique se doit donc de tenir dans un même discours le *sens* et la *force,* la *signification* et l'*énergie,* la *représentation* et l'*affect,* etc., faute de quoi elle saborde la presque totalité de son expérience concrète.

Freud, par ailleurs, à maintes fois affirmé que ses constructions théoriques étaient provisoires, des « échafaudages » pour maintenir un discours théorique cohérent à partir de la pratique, et qu'il serait nécessaire d'effectuer une réélaboration conceptuelle à la mesure des progrès de la connaissance psychanalytique. L'accent est mis sur *l'inconscient* : la psychanalyse est une psychologie « abyssale », une psychologie des « profondeurs », à la limite, on doit se demander si c'est encore de la psychologie au sens habituel du terme.

L'erreur de Politzer, malgré sa clairvoyance et sa rigueur méthodologique, c'est d'avoir exigé de la psychanalyse qu'elle soit une psychologie. Or, la psychanalyse, *ce n'est pas de la psychologie.* Le champ découvert par Freud, l'inconscient, a une signification anthropologique plus générale. Il prend en charge les caractéristiques de la sexualité humaine dans toutes leurs implications. Chaque être humain, à sa naissance, entre dans une *structure culturelle* dont l'organisation pourvoit, en principe, à ce qu'il puisse progressivement réaliser *l'assomption subjective de son sexe biologique.* La psychanalyse traite de la *constitution du désir,* des conditions structurelles grâce auxquelles un enfant de sexe masculin intègre progressivement un *désir masculin,* et un enfant de sexe féminin intègre progressivement un *désir féminin.*

On est loin de la « psychologie concrète » !... Non pas que le projet de G. Politzer ait perdu sa validité : bien au contraire, il reste encore à mettre en œuvre.

Les causes philosophiques du malentendu

L'anthropologie marxiste est, pour l'essentiel, fondée sur la VIe thèse de Feuerbach relative à « l'essence humaine ».

« L'essence humaine, écrit Marx, n'est pas une abstraction inhérente à l'individu singulier. Dans sa réalité, c'est l'ensemble des rapports sociaux. » L'être humain ne porte pas en lui, en tant que tel, son « humanité ». Il s'approprie celle-ci en incorporant le patrimoine socioculturel légué par l'histoire de l'humanité. C'est ce que L. Sève appelle à juste titre « l'excentration sociale de l'essence humaine ». Il y a cependant une interprétation *réductrice* de cette thèse qui consiste à penser l'être humain, apparaissant à sa naissance comme une coquille vide, que vient remplir le « social » pour « l'humaniser ». En fait, le problème qui pèse sur toute anthropologie (comme sur toute psychologie d'ailleurs), c'est celui de la *sexualité.* Le statut existentiel particulier de la sexualité humaine, son caractère mixte, *naturel et social* à la fois, suscite une contradiction qu'il est difficile de prendre en charge. C'est cette contradiction que, nous semble-t-il, assume la psychanalyse et qu'elle théorise dans le concept d'inconscient. La sexualité humaine est soumise à un procès *d'acculturation* dont l'inconscient est le *lieu structurel.*

Le paradoxe est le suivant : la sexualité humaine est enracinée biologiquement, comme un « instinct ». Mais au lieu d'avoir comme celui-ci l'organisation d'un montage préformé et stéréotypé, elle subit un processus de *« dressage »*, de *dénaturation* qui décompose les « forces instinctuelles » en *pulsions partielles*. C'est une *humiliation épistémologique* (une « blessure narcissique » dit Freud) d'avoir à penser la notion de « pulsion », quand on se réclame du matérialisme dialectique. Mais c'est ainsi. Faute d'avoir à sa disposition la notion de pulsion partielle de la sexualité, G. Politzer ne peut rendre compte pleinement de la « bestialité nazie ». Il ne peut pas comprendre comment un système politique et le discours idéologique qui le justifie peuvent promouvoir *l'actualisation des pulsions sadiques*, qui sont constitutives de la sexualité humaine, grâce à quoi le nazi X..., aux dispositions sadiques particulièrement développées, trouve à les employer comme tortionnaire d'un camp de concentration.

Bertold Brecht, dans *la Résistible Ascension d'Arturo Ui*, avait bien compris que la logique extrême du fascisme, c'est le crime institutionnalisé, le gangstérisme érigé en pouvoir d'État. La dictature, comme tout pouvoir totalitaire, du fait de sa structure pyramidale, sécrète une succession de petits dictateurs qui, chacun à sa manière, exercent leur volonté de puissance. Une conception idyllique et naïvement rousseauiste de l'homme ne permet pas de rendre compte de tels phénomènes.

F. Engels (dans *Ludwig Feuerbach et la fin de la philosophie classique allemande*) est beaucoup plus lucide quand, traitant de la conception de la morale et des notions de « bien » et de « mal », il écrit : « ...que, depuis l'apparition des antagonismes de classes, ce sont précisément les passions mauvaises des hommes, la convoitise et le désir de domination qui sont devenus les leviers du développement historique, ce dont l'histoire du féodalisme et de la bourgeoisie, par exemple, n'est qu'une preuve continue. »[1]

1. F. Engels, *Ludwig Feuerbach et la fin de la philosophie classique allemande* (Éditions sociales, 1976), p. 50.

Parlant des « passions mauvaises » des hommes, de leur « convoitise », de leur « désir de domination », F. Engels ne se sent pas pour autant pris en flagrant délit d'idéalisme, ou de matérialisme vitaliste, ou de pessimisme petit-bourgeois !... Une conception trop « sociologisante » de l'homme fait manquer un maillon intermédiaire particulièrement décisif qui est celui de la *réorganisation pulsionnelle* opérée dans le cadre de la structure parentale bisexué. Faute de quoi l'enfant à sa naissance apparaît comme un « vide », une « individualité biologique » appelée à subir un processus de socialisation, escamotant ainsi le fait que cette « individualité biologique » est, dès le point de départ, marquée par son sexe. Le devenir-sexué de l'enfant humain n'est pas conditionné par « l'éducation », mais par *la circulation des désirs et des fantasmes* dans le trio « mère », « père », « enfant ». (Le clivage n'est pas « famille » « société » : il est plus profond. Les processus de structuration du psychisme impliquent, dès le début, la prise en charge du devenir-sexué et l'assomption subjective du sexe biologique.)

Pour rendre compte des *effets de l'acculturation de la sexualité,* des diverses étapes de la sexualité infantile, des diverses *formations de compromis* (symptômes, traits de caractère, inclinations, etc.) qui traduisent le caractère *conflictuel* de la constitution du psychisme, une conception phénoménologique de la signification est insuffisante. L'alternative n'est pas, comme le propose G. Politzer, entre un discours en première personne et le jeu abstrait de processus mentaux. Le « discours » de l'inconscient postule la *pluralité des personnes,* ce que Freud conceptualise sous la forme des « instances psychiques » : Moi, Sur-Moi, Ça, Idéal-du-Moi, etc. Le sujet se tient à lui-même des discours multiples dont il ne connaît pas toujours l'origine et les protagonistes.

Avec la notion de « Ça », Freud cherche à pointer le *pôle pulsionnel* de la personnalité. On peut trouver un autre mot, ou une autre notion : la problématique demeure, qui marque l'irruption des forces psychiques issues de la sexualité et de la nécessité de les contrôler. Faute de pouvoir s'interroger sur la clinique, en particulier de scruter dans toute sa profondeur et ses implications cette manifestation éminemment humaine qu'est *l'angoisse,* la théorisation politzérienne opère une réduction desséchante de la découverte freudienne.

Par insuffisance d'informations cliniques, Politzer procède d'une conception « biographique » du rapport de « l'infantile » à « l'adulte ». Il s'agit en fait des effets de certaines expériences issues de la *sexualité* infantile sur la constitution de la personnalité, normale et pathologique. Mettre l'accent sur la sexualité infantile, c'est souligner l'impact quasi physique de certaines expériences, dont les *perversions* (fétichisme, exhibitionnisme, sado-masochisme), dans leur caractère irrésistible et incontrôlable, sont une dramatique illustration. (Un de mes patients ne pouvait faire l'amour qu'avec une femme revêtue d'un imperméable : grâce à quoi sa vie conjugale a été irrémédiablement et définitivement compromise.)

Or, les perversions réalisent sous une forme démesurément grossie et caricaturale, les traits psychologiques communs à tous les êtres humains. Ce qu'il faut souligner, c'est le caractère compulsif et répétitif de ces manifestations dont le seul plan de la signification ne peut rendre compte de la *force* irrésistible. L'existence des perversions sexuelles est la preuve vivante que l'infantile n'est pas le « support » inerte de l'adulte. Il a son *mode d'efficace propre,* il témoigne de *l'efficacité active du passé dans le présent,* mais sur un terrain spécifique, celui de la *sexualité* et des modalités qui en sont induites dans la vie affective. C'est ce mode particulier *d'efficace à distance, dans le temps,* qui pose un problème épistémologique difficile.

Freud le règle à sa manière, avec des moyens conceptuels qui n'ont rien d'intangible. Cependant, on peut difficilement revenir sur les caractéristiques particulières de *l'inconscient freudien,* sous peine de faire disparaître tous les acquis de la psychanalyse. La psychanalyse s'occupe donc du *procès de subjectivisation du désir,* du procès de constitution de la sexualité humaine. Le *langage est partie prenante* de ce processus de constitution. Mais ses modalités d'intervention sont complexes et demanderaient de très longs développements pour être exposées dans leurs caractéristiques contradictoires. Si l'*expression* et la *satisfaction* du désir sont conditionnées par le contexte socioculturel et idéologique, c'est-à-dire relativisées par le mouvement de l'histoire, sa constitution est en quelque sorte *a-historique et a-sociale.* G. Politzer écrit justement : « La société dans toute sa complexité entre dans le tissu même du rapport sexuel. »[1]

C'est le *« contenu »* du désir qui est tramé par tout le tissu social : son *existence,* elle, est produite par les modalités de la *réorganisation pulsionnelle,* c'est-à-dire l'agencement des *« traces »* laissées dans le psychisme par les expériences vitales issues de la sexualité infantile. L'agencement de ces « traces » constitue l'inconscient freudien dont *l'organisation* apparaît dans la cure sous forme du « matériel », prégénital ou œdipien.

Ainsi, le discours du patient véhicule ces « significations » porteuses de l'organisation de l'inconscient. Mais le seul registre de la signification ne peut pas rendre compte de la charge émotionnelle et affective sous-jacente au discours. Il faut pouvoir la conceptualiser, faute de quoi on dénature la pratique psychanalytique. Associer ces deux éléments hétérogènes : le *sens* et l'*énergie,* on ne sort pas de là. Toute *réduction* à l'une ou à l'autre de ces dimensions conduit à des *erreurs techniques,* souvent préjudiciables au patient, et à des dévergondages théoriques qui déconsidèrent la psychanalyse.

Pour terminer. Le mérite de Georges Politzer reste immense. Il faut réhabiliter Politzer, il est *exemplaire,* même dans son échec. Son projet de psychologie concrète, de science de la biographie, reste encore à mettre en œuvre. Sa rigueur méthodologique est stimulante et constitue les bases d'une saine hygiène intellectuelle. La psychanalyse, comme toutes les sciences sociales et humaines, plus que

1. *Les Fondements de la psychologie, Écrits II, op. cit.*, p. 295.

d'autres encore, est minée par une *fragilité épistémologique constitutionnelle.* C'est avant tout une *pratique.* Aussi, certains praticiens restent enfermés dans un empirisme thérapeutique, peu soucieux de rigueur théorique, se constituant un appareil conceptuel à visée purement opératoire. Pour d'autres, au contraire, c'est l'ambition anthropologique de la psychanalyse qui les pousse vers une sorte d'impérialisme idéologique délirant, qui réduit toute manifestation de l'existence humaine à son essence pulsionnelle.

C'est à eux que s'adresse cet avertissement salutaire de G. Politzer : « La psychanalyse explique l'histoire par la psychologie, et non pas la psychologie par l'histoire. »[1]

En outre, la pratique de la psychanalyse est, par nature, tellement personnalisée, elle constitue un voyage sentimental (plein de rebondissements) à deux, de telle sorte que chaque analyste selon son expérience (et sa personnalité) privilégie telle ou telle dimension de la pratique, ce qui ressent au niveau de la théorie. Est-il possible d'élaborer une théorisation de la psychanalyse qui soit libre de toute interférence subjective : aussi bien au niveau affectif qu'au niveau idéologique ? C'est un problème encore entier. Faut-il s'écrier, avec quelques démagogues : *théorie, impossible !* On touche à l'équivoque constitutive des sciences sociales et humaines. Elles sont issues des nécessités mêmes du développement de la société, elles ont partie liée avec les structures de domination qui sont consubstantielles à la vie sociale, ce que Michel Foucault cherchait à conceptualiser dans la notion de « stratégie de pouvoir ».

Nous rencontrons là un problème immense. Sa complexité ne doit pas pour autant nous le faire escamoter. Mais il nécessiterait une étude spéciale.

Rendons cette justice à Georges Politzer d'avoir possédé cette clairvoyance, que la pensée marxiste, ultérieurement, pour des raisons politiques et idéologiques complexes, n'a pas su ou n'a pas pu faire fructifier.

1. *Ibidem,* p.297.

QUATRIÈME PARTIE

Désir et croyance

Le militant est-il un « croyant » ? L'action militante nécessite une prise sur le réel en même temps qu'un certain degré d'anticipation. Le militant se fait une représentation (un « imaginaire ») de l'organisation à laquelle il appartient, qui conditionne son style d'activité. Les vicissitudes de l'engagement militant ressemblent parfois à celles de l'engagement amoureux, avec les mêmes intermittences d'espoirs et de désillusions, parce que l'engagement militant en proposant un idéal donne un sens à la vie, et, par là même, s'enracine dans les couches profondes de la personnalité.

Le divan et le prolétaire
Contribution à une théorie matérialiste du désir

L'hypnose entre amour et politique

Hypnose et état amoureux

Deux texte, l'un au titre ambitieux de *Contribution à une conception matérialiste du désir,* l'autre exprimant une approche particulière de *l'Hypnose entre amour et politique,* vont être commentés et présentés en commun. C'est l'hypnose et le problème de la croyance qui va servir de pivot à cette discussion.

L'hypnose est un état psychophysiologique particulier qui suscite encore beaucoup d'interrogations. Il y a un regain d'intérêt pour l'hypnose, à la fois du point de vue thérapeutique et du point de vue expérimental, en tant qu'elle constitue une situation relationnelle particulièrement étrange et riche d'implications multiples. On sait que Freud a fait une analogie serrée entre l'hypnose et *l'état amoureux :* « Même soumission, même docilité, même absence de critiques envers l'hypnotiseur comme envers l'objet aimé » dit-il. Il pousse le paradoxe jusqu'à affirmer : qu' « ...il conviendrait plutôt d'expliquer l'état amoureux par l'hypnose que l'inverse. » Dans la même perspective, il fait un parallèle entre l'identification et l'état amoureux dans sa forme extrême de *fascination.* « Dans le premier cas (l'identification), le moi s'est enrichi des qualités de l'objet..., dans le second cas, il est appauvri, il s'est abandonné à l'objet, a mis celui-ci à la place de son élément constitutif le plus important. » Il résume ainsi les trois situations qu'il étudie dans son texte capital *Psychologie des foules et analyse du Moi,* c'est-à-dire : l'hypnose, l'état amoureux, la foule avec meneur, dans la formule suivante : « *l'objet s'est mis à la place de l'Idéal-du-Moi* ».

Poursuivant son parallèle entre état amoureux et hypnose, il énonce : « La relation hypnotique est un abandon amoureux illimité, la satisfaction sexuelle étant exclue, alors que dans l'état amoureux celle-ci est repoussée pour un temps et demeure à l'arrière-plan à titre de but possible ultérieurement. »

Ainsi pour Freud, fascination amoureuse, dépendance à l'égard de l'hypnotiseur et la soumission au leader sont autant de situations où une personne étrangère est mise par le sujet à la place de son Idéal-du-Moi, c'est-à-dire l'instance intrapsychique qui résulte de l'intériorisation de l'image des parents comme modèle. C'est la *surestimation sexuelle* directement liée à la poussée du désir qui suscite cette *idéalisation de l'objet,* grâce à quoi l'amoureux lui attribue toutes les qualités.

Mais Freud nuance son propos : « ...dans l'amour romanesque (où les tendances poussant à la satisfaction sexuelle sont à l'arrière-plan), le moi devient de moins en moins exigeant et prétentieux, l'objet de plus en plus magnifique et précieux ; il entre finalement en possesion de la totalité de l'amour de soi du moi. (...) L'objet a pour ainsi dire absorbé le moi. » Ainsi, l'amoureux transi attribue d'autant plus toutes les qualités à l'objet (de son amour) qu'il s'en reconnaît de moins en moins. Mais, réciproquement, dans l'état amoureux, l'exaltation psychique tient au fait que le sujet se sent lui-même magnifié d'aimer et d'être aimé par un objet possédant de telles qualités idéales.

Poussant plus en profondeur son analyse de l'amour, Freud en distingue schématiquement, deux types : *l'amour narcissique, l'amour par étayage,* qu'il décrit comme suit. « Le choix d'amour selon le type narcissique : ce que l'on est soi-même, ce que l'on a été soi-même, ce qu'on voudrait être soi-même, la personne qui a été une partie du propre soi. Le choix d'amour par étayage : la femme qui nourrit, l'homme qui protège. » Il y a, bien entendue une infinité de possibilités selon les mélanges de types et les transitions d'un type à l'autre.

L'examen de l'économie affective dans l'amour et l'état amoureux n'est pas sans importance pour qui s'interroge sur le problème de la croyance. L'état amoureux tend à la réconciliation entre les différentes instances centrales de la personnalité : Moi, Idéal-du-Moi, Sur-Moi, que les conflits internes induisent d'une charge centrifuge, préjudiciable pour l'équilibre de l'individu.

Le Moi est l'instance régulatrice de la personnalité, chargée de multiples tâches : gérer les poussées pulsionnelles émanant du Ça, faire face aux exigences venant de la réalité extérieure, assurer les idéaux portés par l'Idéal-du-Moi, subir éventuellement les critiques ou les reproches du Sur-Moi. La personnalité est ainsi constitutivement conflictuelle, et quand les tensions intrapsychiques se font trop vives, *l'angoisse* apparaît, comme signal d'alarme de cette souffrance intrasubjective. Aussi, toutes les formes de tranquillisants sont toujours les bienvenues.

L'exaltation amoureuse est sédatrice des conflits par excellence. Dans les moments de passion, où les narcissismes s'échangent en miroir, chacun s'aime à travers l'autre, la régression fusionnelle ramène chacun des protagonistes à la toute-puissance de la première enfance, où l'union avec la mère annule toute différence et toute identité. Le mot « ivresse » rend bien compte de cette situation, y compris quand elle est obtenue par des moyens plus artificiels. La toxicomanie, sous toutes ses formes, notamment la drogue, ne peut se comprendre que comme la recherche de cette régression fusionnelle où toute tension est abolie.

Les instances intrapsychiques ne sont pas comme des petits bonshommes qui se battent entre eux dans la tête du sujet. (Ce qu'on appelle « l'anthropomorphisme ».) Elles résultent de la sédimentation d'expériences relationnelles intériorisées, par identification aux différents aspects et qualités des parents et éducateurs. Aussi, les conflits d'instances ne sont pas de simples « débats intérieurs » ou des « cas de conscience » : ils engagent la personnalité tout entière, dans son histoire et dans ses fondements.

Ils sont permanents, ils constituent en quelque sorte le dynamisme inhérent à la vie psychologique et affective. Celle-ci est toujours en équilibre instable, et ce sont les investissements affectifs multiples de l'existence qui pallient sa précarité. L'être humain est constitutivement en quête d'amour, sous toutes ses formes.

« Au commencement était l'amour » écrit Julia Kristeva. Il faut aller plus loin et affirmer que tout investissement est un équivalent de l'amour. Tout investissement est une tentative de rapprochement du Moi et de l'Idéal-du-Moi pour retrouver l'état de perfection de la petite enfance. Pour les parents, l'enfant est toujours le plus beau de la terre ; c'est de cette toute-puissance infantile dont l'être humain a la nostalgie. Dans l'état amoureux, c'est l'éclat de l'objet qui illumine le sujet et lui fait retrouver l'exaltation des retrouvailles de l'univers narcissique primaire, avant la différenciation du Moi et du Non-Moi, avant l'instauration des instances de l'appareil psychique.

L'être humain se vit comme divisé, comme pris dans une tension centrifuge qui déchire l'unité de son psychisme. Les situations psychologiques d'exaltation (qui culminent dans l'état pathologique appelé « manie »), qui donnent le sentiment de joie, d'expansion égotique, comme la *fête* par exemple, sont recherchées à cause du sentiment de raffermissement de l'unité psychique qu'elles procurent. C'est plus fort que le simple sentiment de réconciliation avec soi-même qui implique la division du sujet péniblement surmontée.

L'extase mystique réalise cet état d'unité absolue où se trouve abolie la différenciation des diverses instances psychiques au bénéfice d'une unité narcissique originaire. *La foi religieuse* reconstitue à un moindre degré cet état d'unité primordiale, que le développement psychologique va faire disparaître pour permettre au psychisme l'aptitude à l'intégration des différents éléments de la réalité. Dans l'Église (catholique), le Christ aime tous les individus (croyants) d'un même amour, et tous les « fidèles s'appellent frères dans le Christ, c'est-à-dire frères par l'amour que le Christ a pour eux » (Freud). Freud précise, à propos du Christ : « Il se trouve, par rapport aux individus de la foule des fidèles, dans la position d'un frère aîné plein de bonté, il est pour eux un substitut paternel. Toutes les exigences imposées aux individus isolés découlent de cet amour du Christ. »

Cette certitude de l'amour partagé, de l'existence d'un lieu et d'un ultime recours par l'amour donne cette même force morale que dans l'état amoureux (profane). « L'éclat de l'objet illumine alors le Moi émerveillé que cette soudaine clarté éblouit mais exalte. » (C. David.) Cette fraternité dans l'amour, qui caractérise la foi religieuse, agit comme la négation des contradictions et des conflits sociaux et, du même coup, joue un rôle de sédation des conflits internes. Elle fonctionne également comme une dénégation de l'agressivité et, par là même, apaise le sentiment de culpabilité qui en découle. « Tendre l'autre joue », c'est disqualifier l'agressivité jusqu'à la faire disparaître. Le sujet est ainsi à son aise par rapport à ses pulsions agressives et ses pulsions libidinales se trouvent investies et sublimées dans cet amour extra-terrestre. Tout risque de tension intrapsychique se trouve aboli et le sujet évolue dans un univers d'harmonie et d'équilibre qui amortit les chocs liés aux rugosités de la réalité extérieure.

Les premiers temps d'une psychanalyse reconstituent parfois cette « lune de miel » de l'état amoureux ou des grands moments d'exaltation de la foi religieuse. Le praticien, placé en position du « sujet-supposé-Savoir » (J. Lacan) possède l'omniscience et la perfection grâce à quoi le patient vit dans la quiétude de se savoir compris et aimé. Il y a parfois, dans une analyse, des moments d'élation, de grande mobilisation émotionnelle et affective, où le patient éprouve des modifications dans son schéma corporel : il se sent plus grand, plus fort, il a le sentiment de « planer », il vit un bonheur intense, une sorte de transport hors de soi et du monde qui s'apparente à l'extase.

La coïncidence de l'objet et de l'Idéal-du-Moi est entière, le sujet est revenu à l'époque où l'enfant était à lui-même son propre idéal, et ce retour au narcissisme primaire donne un sentiment de complétude accomplie. Mais cet état fusionnel ne peut durer, le sujet doit conquérir, péniblement, son autonomie, affronter ses conflits intérieurs, apprendre, progresivement, à mieux les gérer, au prix de compromis plus satisfaisants. Le psychanalyste doit, peu à peu, retrouver sa figure d'homme ordinaire et le sujet doit prendre conscience que ce « savoir » sur lui-même, il le possédait déjà, en quelque sorte, à son insu.

La dissolution du transfert est la grande affaire d'une psychanalyse et de toute psychothérapie. Certains patients arrivent facilement à se déprendre de cette aventure affective à l'arrimage factice. D'autres ont longtemps besoin de cette « prothèse » intrapsychique, comme d'un poumon artificiel qui les aide à vivre. Le psychanalyste dans ce cas, n'est ni un prêtre ni un gourou, il reste un point de repère par rapport auquel le sujet ancre son désarroi ou désamorce son angoisse.

Le surgissement du transfert laisse toujours le psychanalyste un peu étonné : sa dissolution peut parfois le laisser perplexe, car on ne cohabite pas durant de longues années avec un patient sans se trouver, plus ou moins, impliqué dans son attachement. La dissolution du transfert ressemble ainsi à la rupture « en douceur » d'une vieille liaison où les anciens partenaires, faute de pouvoir rester amis, reprennent leur liberté pour mener à nouveau une vie indépendante. Cependant, chacun d'entre eux aura changé : le patient aura appris à mieux se connaître et, par ce même mouvement, à moins souffrir de ses conflits intérieurs ; mais le psychanalyste, lui aussi, ne sort pas indemne de cette histoire, il a approfondi la connaissance de soi nécessaire à son « sacerdoce » particulier, sans pour autant gagner en sérénité.

La dissolution du transfert est une sorte de mouvement de la « croyance » au « savoir » qui ressemble au passage d'un état passionnel à celui de l'amour conjugal. C'est le même désenchantement réaliste où le sujet peut faire le deuil des qualités idéales qu'il avait imputées à son objet d'élection parce qu'il a fait l'expérience de certaines frustrations qui l'ont mûri et par là même permis d'accéder à une certaine autonomie. Mais dans le passage de la passion à l'amour conjugal, il y a une transformation du lien affectif qui n'existe pas dans la dissolution du transfert. Avec la dissipation du tranfert — qui reste parfois asymptotique — c'est l'évanouissement du psychanalyste qui disparaît à l'horizon de la vie du patient. Un long mouvement d'élaboration intrapsychique, un véritable *travail* s'est opéré qui a permis cette mutation de la dépendance absolue à une autonomie gérée sans trop d'angoisse.

Dans l'amour conjugal, le passage de la « croyance » au « savoir » est beaucoup plus affirmée. L'idéalisation de l'objet, corrélative de la surestimation sexuelle, s'est dissipée, laissant les partenaires face à face dans leur vérité prosaïque. Des liens plus profonds se sont noués, corrélatifs des nécessités pulsionnelles et fantasmatiques de chacun des protagonistes, les obligeant à une coexistence pacifique où tendresse et sensualité doivent unir leur dynanisme pour assurer à l'amour sa force et sa durée. Des identifications réciproques se sont constituées, permettant une meilleure communication, une meilleure compréhension mutuelle, grâce à quoi les défauts et les qualités sont assumées sans enthousiasme ni rancœur. Le couple s'est ainsi constitué, par réaménagements succesifs des investissements, chacun des partenaires traversant ses crises de mutation en s'appuyant sur l'aide affective de l'autre, par régressions alternées, une meilleure connaissance de l'autre éclairant une meilleure connaissance de soi (et réciproquement), à l'aveuglement enivrant de la passion a succédé une clairvoyance plus tempérée, chacun s'habitue à une certaine solitude, assuré qu'il est de la solidarité agissante et affectueuse de l'autre.

De la même façon que la dissolution du transfert succède, de façon apparemment paradoxale, à des phases de frénésie affective, tout aussi étrange est le désinvestissement amoureux qui succède, parfois (ou souvent), à des phases de poussées passionnelles. Les amoureux qui étaient tout l'un pour l'autre, qui ne pouvaient pas vivre ni respirer l'un sans l'autre, qui cherchaient dans leurs regards le miroir de leur identité, sont devenus brusquement des étrangers, parfois des ennemis, le plus souvent ils se quittent sans se retourner, dans une indifférence aussi plate que leur passion avait été vive. C'est ce remaniement des investissements qui est intéressant à comprendre. Quelle que soit la durée de la relation amoureuse, et quelle que soit sa forme, couple passionnel ou couple « conjugal », ce réaménagement pose les mêmes problèmes. Tout se passe comme si chacun des partenaires avait épuisé tout le potentiel affectif (ou érotique) de la rencontre, et que les bénéfices narcissiques liés à l'idéalisation de l'objet s'étaient dégradés.

Parfois la séparation peut ressembler à un *travail de deuil* quand c'est l'un des protagonistes qui se voit devoir renoncer aux sentiments que lui portait son interlocuteur. Cette perte de l'objet s'élabore progressivement et douloureusement « ...et, pendant ce temps, l'existence de l'objet perdu se poursuit psychiquement. Chacun des souvenirs, chacun des espoirs par lesquels la libido était liée à l'objet est mis sur le métier, surinvesti et le détachement de la libido est accompli sur lui » (Freud). Cette tâche psychique de surinvestissement, puis de désinvestissement des différents éléments se rapportant à l'objet est nécessaire pour que le détachement puisse s'accomplir et que le sujet soit, éventuellement, disponible pour de nouveaux investissements.

L'engagement militant

L'état amoureux, la foi religieuse sont des situations psychologiques où sont mises en jeu les instances de « l'Idéalité ». L'Idéal-du-Moi, héritier du narcissisme primaire, le Sur-Moi, héritier du complexe d'Œdipe, coordonnent leurs activités pour permettre au sujet de se proposer un « projet d'être » auquel il tentera de se conformer. *L'engagement militant* contient les mêmes déterminations. L'action politique obéit, bien entendu, à d'autres considérations, plus spécifiques. Elles seront examinées ailleurs. Ce qu'il est intéressant d'approfondir pour l'instant, ce sont les aspects psychologiques et affectifs.

Avoir un « idéal », « donner un sens » à sa vie, c'est dépasser les nécessités de la quotidienneté pour se projeter dans l'avenir. Dans l'activité militante, les « nécessités de la quotidienneté » sont intégrées à un mouvement plus général qui les anime et les regroupe dans une perspective et une finalité. Militer, c'est consentir à être un des éléments de ce mouvement, c'est participer à son processus dynamique pour en accélérer et diriger la mobilisation. L'action militante est donc fondée sur deux postulats : d'une part, l'histoire est un processus régi par un déterminisme ; d'autre part, la connaissance des lois de ce déterminisme permet leur maîtrise afin d'aboutir à un changement de société. Ce que les idéologues bourgeois appellent péjorativement la « vulgate » marxiste, c'est-à-dire l'existence des classes sociales et de leurs antagonismes, le rôle historique de la classe ouvrière comme facteur d'émancipation, la nécessité de l'existence d'un parti communiste comme porteur des intérêts matériels et idéologiques de cette classe motrice parce que subissant la domination et œuvrant à sa suppression, tout cet ensemble de considérations constitue les bases intellectuelles de la démarche du militant. Peut-on les compléter d'une doublure de déterminations affectives, conscientes et inconscientes ?

« Changer la société » pour instaurer un ordre social plus juste et plus fraternel, c'est « l'idéal » que s'assigne le militant. Travailler au jour le jour le regard fixé sur cet horizon, c'est cela qui donne « sens » à sa vie. Le militant « *croit* » ainsi à une logique interne de l'histoire dont il serait l'un des facteurs actifs. La pratique militante et l'expérience des luttes le confortent dans cette conviction.

Parallèlement à cette prise en direct sur ces nécessités historiques se développent des nécessités psychologiques profondes qui vont assurer et marquer son militantisme. Les diverses et multiples motivations qui orientent vers des intérêts militants : revanche sociale, révolte contre la famille, souffrance matérielle ou morale, recherche de fraternité ou de justice, préoccupations intellectuelles ou éthiques, etc. se trouvent transformées par la pluralité des actions militantes pratiquées au sein des différentes structures de groupes de l'organisation.

Ainsi se développe « l'individualité militante » faite de dévouement, d'esprit de solidarité, de souci de la discipline, de sens de la communication et de l'organisation, etc. Cependant, ce qui prévaut, sur le plan profond, c'est le *rapport imaginaire* à l'institution, c'est-à-dire au parti. La représentation, que se fait le militant, du parti, correspond à la fois aux nécessités psychologiques profondes qui ont conduit à l'adhésion et à son « style » de travail politique. Ce peut être le besoin d'être « encadré », d'être porté par une structure, où les certitudes existentielles apportent des règles de vie qui constituent des amarres solides. C'est mettre de l'ordre dans sa vie et dans sa tête. Au contraire, « faire la révolution », c'est développer sa liberté intérieure, c'est se défaire des contraintes internes et externes qui brident les mouvements affectifs, la « révolutionn » est autant personnelle que sociale. Dans un cas, on freine et on discipline ses pulsions, dans l'autre, on a envie de leur laisser la bride sur le cou. Dans un cas, on a un militant austère et rigide, soucieux de la discipline et de l'esprit collectif ; dans l'autre, le militant vit son activité comme une entreprise de libération et de communication, son individualisme ne lui paraît pas faire contradiction avec les nécessités de la cause commune.

Dans la mesure où le parti représente une image d'autorité ou de direction morale, c'est le rapport à *l'image paternelle* qui est décisif. Les individus identifient l'image du parti à cette image paternelle, soit en la confirmant, soit en s'y opposant. Ainsi, des sujets ayant l'image d'un père sévère et autoritaire peuvent rechercher les mêmes éléments affectifs dans la représentation qu'ils se font du parti. D'autres, ayant l'image d'un père permissif et bienveillant, identifient l'image du parti à cette image paternelle.

L'activité militante s'articule donc à des nécessités affectives profondes qu'elle vient renforcer et qui, en retour, lui donnent son dynamisme. Le sujet se *construit* dans l'engagement militant par des remaniements intérieurs aussi profonds et aussi structurants que ceux provoqués par un engagement amoureux. Dans la mesure où l'activité militante tend à réaliser *l'unité de la théorie et de la pratique,* elle joue un rôle unificateur sur le plan intérieur, aboutissant à une *unité de la vie personnelle* politique, éthique, culturelle, source d'une grande force morale. Cette force morale est liée à la cohésion intérieure ainsi acquise, qui atténue les tiraillements entre les instances intrapsychiques, au bénéfice de la rencontre du Moi et de l'Idéal-du-Moi, qui suscite la même exaltation psychique que dans l'état amoureux.

Les périodes d'activité militante sont des périodes *fécondes* au niveau personnel qui marquent durablement le militant. Ce sont des périodes de recherche, de curiosité, de grande disponibilité psychologique et affective où le besoin de cohérence existentielle trouve à se satisfaire dans la cohérence de la pratique militante. C'est la raison pour laquelle ce sont souvent des périodes transitoires, et des périodes de *transition.* Elles obéissent à des nécessités doublement conjoncturelles : l'actualité politique, dans ses moments aigus, qui pousse à des prises de conscience actives, d'une part, et d'autre part des mouvements intérieurs liés à des phases de mutations psychologiques. Lorsque cette transition s'est opérée, quand les réaménagements psychologiques et affectifs se sont stabilisés, l'investissement politique est moins nécessaire et le militant devient plus fragile. C'est le moment où les désacords politiques, les crises morales consécutives à ces désaccords, risquent d'être déstabilisateurs.

Les crises politiques sont autant affectives qu'intellectuelles. Corollairement, l'accord avec la « ligne politique » implique une dimension affective. L'accord politique nécessite, bien entendu, une adhésion intellectuelle. Mais le rapport au « parti », étant donné les implications profondes de l'engagement militant, n'est pas celui qui lie les membres d'une « société scientifique ». (En admettant, hypothèse douteuse, que ce type de collectivité soit dénué de toute dimension psychologique et affective.)

Il ne s'agit pas de sous-estimer l'importance des *facteurs politiques,* surtout dans les périodes complexes et tendues où de nombreux problèmes se posent et s'aiguisent. Les débats politiques sont fortement marqués par l'acuité de ces problèmes. Mais la dimension affective est toujours sous-jacente, rendant les sujets plus ou moins aptes à assumer les désaccords, parasitant leur souci d'être en accord, doublant les discussions d'un coefficient trouble qui introduit parfois des facteurs interpersonnels.

Le débat politique n'est donc pas un échange serein dans une « société savante », d'autant moins que la lutte des classes, surtout au niveau idéologique, est permanente, et que ce débat se déroule dans un environnement hostile et actif en pressions de toutes sortes. De plus, ce qui rend le débat difficile, c'est qu'il concerne des expériences sociales à grande échelle, qui peuvent recevoir des interprétations diverses, et que le « critère de la pratique », lui aussi, n'est pas d'une rigueur absolue. Entre le dogmatisme qui érotise la théorie, et le pragmatisme qui l'évacue, la voie est étroite.

L'inconfort de la situation ébauche un désinvestissement qui plonge le militant dans le désarroi. La tension intrapsychique lui fait perdre ses repères indentificatoires, comme dans un état de dépersonnalisation. Ce flou de l'identité donne le sentiment d'une fuite de substance psychique qui dissout les certitudes et érode la conviction. C'est le commencement d'un processus de désengagement, qui, dans ses formes aiguës et douloureuses, ressemble à la perte de la « foi ». La roue de l'histoire tourne moins vite que nos désirs, et la vie continue.

Certains supportent ce deuil sans trop de rancœur. La page est tournée, comme dans une expérience amoureuse qui a épuisé toutes ses ressources. D'autres ont besoin de s'entretenir dans une rancune tenace : c'est, paradoxalement, un « sens » nouveau qui est donné à leur vie. D'autres enfin deviennent des professionnels de l'anticommunisme, tenant jalousement le créneau idéologique que les maisons d'édition veulent bien leur accorder.

Le « vieux » militant aurait-il opéré ce passage de la « croyance » au « savoir » qui caractérise le couple « conjugal » ? Est-ce une nécessité profonde qui permet d'assumer les crises sans rupture ou bien une miraculeuse « sagesse » acquise au fil des ans ? Qui peut le dire ? La vie militante exige un minimum d'esprit d'anticipation, de crédit accordé à l'utopie, sans quoi il n'y a pas d'avenir pensable. Serait-ce ce qu'on appelle « la foi » ? La connotation religieuse sert à disqualifier l'action politique. En la rejetant dans la vanité naïve des rêves ou de la fantasmagorie, on laisse les politiciens de la classe dominante gérer la *réalité* au mieux de ses intérêts.

Ce qu'on désigne, de ce mot curieux, la « fidélité », n'est-ce pas la conviction profonde que la politique est la chose la plus importante, parce qu'elle gouverne notre vie, trame nos passions, confisque notre mort. Le militant se veut le gestionnaire de sa liberté.

Dans l'état amoureux, la foi religieuse, l'engagement politique, le désir et la croyance sont à l'œuvre. C'est à examiner leur structure et leur action que les textes qui suivent ont été consacrés.

Avril 1986.

Le divan et le prolétaire

Contribution à une théorie matérialiste du désir

Pour commencer, il faut rappeler la vieille querelle entre la « psychanalyse » et le « marxisme », qui a longtemps parasité le ciel idéologique. Les guillemets sont nécessaires pour marquer le caractère artificiel et conjoncturel de cette confrontation. Longtemps, la psychanalyse a été interdite de séjour dans les milieux communistes et marxistes français pour des raisons diverses et compliquées : on verra qu'il s'agit d'un malentendu épistémologique dont il faut élucider les déterminations.

La psychanalyse arrive au psychiatre de culture marxiste par la voie de la pratique thérapeutique, en tant que psychothérapie. Face aux partisans d'une conception trop exclusivement organiciste de la maladie mentale, la psychanalyse offre un point de vue psychogénétique, qui tient compte de *l'histoire de l'individu* dans la genèse de ses difficultés psychologiques et affectives, quelle qu'en soit la nature, névrotique ou psychotique. Ce point de vue dynamique et dialectique est assez voisin de la conception marxiste de l'homme, sur *le caractère social de « l'essence humaine »,* telle que la définit la VIe thèse sur Feuerbach, comme nous le verrons plus loin.

Elle est également voisine des idées de G. Politzer sur le « drame » humain, conçu comme l'agencement des « actes » d'une vie c'est-à-dire l'organisation de la biographie.

Construire le système de relations entre histoire de la maladie, histoire de l'homme malade et histoire d'une vie, telle est, semble-t-il, l'ambition de la psychopathologie issue de la psychanalyse. En fait, un tel projet est plutôt d'inspiration phénoménologique et s'apparente plus aux thèses de l'approche existentielle de L. Binswanger qu'à celles de la psychanalyse. Il y manque en effet, un élément essentiel, *l'inconscient,* corrélatif de la prise en charge d'une dimension fondamentale de l'existence humaine, *la sexualité.*

C'est la méconnaissance (nous verrons qu'il s'agit d'un faux paradoxe) des effets de la sexualité sur la constitution du *sujet humain* qui a longtemps laissé la psychanalyse hors du champ d'intérêt de la pensée marxiste. Sa reconnaissance actuelle, privilégiant essentiellement la doctrine lacanienne, n'est pas sans poser des problèmes du même ordre. La prévalence accordée au langage dans le système lacanien risque d'estomper un examen sérieux de la nature du *pulsionnel,* qui est au cœur même de la problématique de la sexualité humaine. En fait, c'est tout l'ensemble de ce travail sur le *désir* qui lui sera consacré.

La difficulté essentielle tourne autour du statut existentiel de la sexualité humaine. Son *enracinement biologique* et sa *consistance subjective* sont à prendre en compte dans leur indissoluble contradiction. La sexualité humaine est ainsi caractérisée par son statut mixte, naturel et social à la fois. Toute démarche unilatérale est alors réductrice : mettre l'accent sur l'aspect biologique, c'est escamoter sa dimension constitutivement *relationnelle ;* souligner l'aspect social c'est méconnaître sa spécificité même d'*instinct dénaturé.*

La psychanalyse, telle que Freud s'est efforcé de la promouvoir, est précisément une tentative pour prendre en charge et surmonter cette *contradiction*. L'inconscient est le *lieu structurel* où la sexualité biologique sauvage, en quelque sorte, subit le processus de *socialisation* et d'*hominisation* duquel va émerger sa dimension essentiellement subjective, c'est-à-dire *le désir*.

Nous allons reprendre et développer cet ensemble de considérations, en vue de proposer un projet d'*anthropologie marxiste* qui prenne en charge le *travail* et la *sexualité* comme dimensions constitutives de l'être humain.

Nous allons ordonner notre réflexion autour de deux thèmes importants :

1) les rapports entre anthropologie marxiste et la psychanalyse ;
2) la psychanalyse comme tentative d'approche matérialiste du problème du désir. Et nous terminerons sur une question insolite et paradoxale : existe-t-il une « pratique marxiste » de la psychanalyse ?

Les rapports entre anthropologie marxiste et psychanalyse

Une prise en charge de la psychanalyse par l'anthropologie marxiste doit permettre une meilleure approche scientifique du problème du désir, qui évite les deux écueils signalés plus haut, *le biologisme* qui annule la dimension relationnelle de la sexualité, *le sociologisme* qui en escamote l'aspect subjectif.

On sait que l'anthropologie marxiste se fonde sur la VIe thèse sur Feuerbach de K. Marx qui, pour l'essentiel, s'énonce ainsi : « L'essence humaine n'est pas une abstraction inhérente à l'individu singulier. Dans sa réalité, c'est l'ensemble des rapports sociaux. » Ce que le philosophe français Lucien Sève a condensé dans l'excellente formule de l'« excentration sociale de l'essence humaine ».

Ainsi, l'être humain ne porte pas en lui, en tant que tel, son « humanité ». Il s'approprie celle-ci en incorporant le patrimoine socioculturel légué par l'histoire de l'humanité. Il y a donc ainsi une contradiction entre « l'essence humaine », objectivée dans les rapports sociaux, et l'individualité singulière qui consiste en une sorte de métabolisation spécifique de ces rapports sociaux par l'individualité biologique.

Or, les « rapports sociaux », ce ne sont pas seulement les rapports de production, ce à quoi se limite un marxisme vulgaire non dialectique. L'individualité biologique, en tant qu'organisme vivant, est soumise à une double nécessité pour assurer sa survie : produire et se reproduire. Le marxisme vulgaire oublie pudiquement la reproduction, laissant supposer que les enfants naissent dans les roses ou dans les choux.

En fait, les « rapports sociaux » se dédoublent en rapports de production et en rapports de parenté. Les rapports de production règlent la relation de l'être humain avec la nature extérieure dont il soutire de quoi vivre grâce à ses forces productives. Les rapports de parenté (dont la famille actuelle est la forme institutionnelle historiquement transitoire) règlent la relation de l'être humain avec la nature « intérieure », c'est-à-dire la sexualité. C'est le caractère mixte de la sexualité humaine, à la fois naturelle et sociale (du fait de la division de toute espèce animale en deux sexes opposés et complémentaires), qui nécessite cette organisation : la différence des sexes est à la fois naturelle et fondamentale pour maintenir l'ordre humain.

Ainsi l'enfant humain à sa naissance entre dans un ordre culturel dont la loi cachée — inscrite dans la structure des rapports de parenté — préside aux modalités de son élevage selon un dispositif qui assigne à la « mère » et au « père » des fonctions spécifiques, grâce à quoi lui sera assuré — plus ou moins bien, de façon asymptotique — la possibilité de l'assomption psychologique de son sexe biologique. Si le sexe biologique et le sexe psychologique ne coïncidaient pas dans la majorité des cas, l'ordre humain disparaîtrait.

C'est au procès de structuration du désir qu'a affaire la psychanalyse. Le devenir humain est un devenir-homme, un devenir-femme, assorti d'un désir masculin et d'un désir féminin. La socialisation-hominisation de la sexualité n'est pas un acquis inscrit dans le sexe biologique ; c'est un processus long et conflictuel qui s'élabore dans le mouvement de constitution de la subjectivité. Ce que le marxisme vulgaire ignore (et on ne peut pas le reprocher à Marx ni à Engels), c'est qu'il ne suffit pas qu'un enfant naisse avec les attributs biologiques de son sexe pour être animé, ultérieurement, du désir correspondant. C'est à Freud que nous devons cette découverte et, notamment, la découverte des processus qui président à la réussite — ou à l'échec — de cette assomption subjective du sexe biologique. Ainsi, l'être humain n'a pas seulement comme tâche de devenir « humain », son « humanité » se dédouble en un être-homme, et un être-femme, qui postule une double excentration de l'essence humaine.

Cette prise en charge de la sexualité biologique vers son destin psychologique est assurée par une structure psychique, l'inconscient, qui est constitué par la transformation des excitations physiques, liées à la satisfaction des grands besoins d'autoconservation (faim, soif, excrétion, etc.) par leur accrochage à des éléments privilégiés de l'environnement néo-natal ou infantile. C'est cet accrochage de la « pulsion » à un « signifiant » qui (schématiquement) préside à la constitution du désir, sur la base de l'organisation de la sexualité infantile.

Nous retrouverons ces problèmes plus loin.

Ces processus importants sont très complexes. Freud en a donné une théorisation, qui n'est pas intangible — il l'a maintes fois affirmé lui-même — et l'on comprend qu'on puisse être tenté d'en proposer d'autres. Ces « crises » de la théorisation psychanalytique ne sont pas les symptômes de sa décomposition, comme on le dit trop souvent : elles témoignent du fait que la psychanalyse, science en formation, est prise dans l'enjeu des grands débats idéologiques contemporains et quelle peut être tirée à « droite » ou à « gauche » selon l'usage polémique qu'on veut en faire. Comme toutes les sciences humaines et sociales, la psychanalyse souffre d'une instabilité épistémologique constitutionnelle dont l'étude mériterait à elle seule un travail particulier.

Dans les limites des réflexions qui nous occupent, une question se pose ; pourquoi un tel privilège accordé à la sexualité dans la psychopathologie issue des données de la psychanalyse ? Parce que la tâche essentielle de l'être humain, c'est d'accéder à son identité sexuelle, ce qui se réalise, comme on l'a vu, à travers des processus longs et compliqués.

C'est au long de ce développement que se produisent des « ratés » qui sont théorisés dans les entités nosographiques. Les catégories cliniques traditionnelles sont purement descriptives.

La psychanalyse cherche à mettre en œuvre une psychopathologie qui tienne compte des vicissitudes du développement psychosexuel dans ses rapports avec la vie affective et émotionnelle. Ce sont les désorganisations de la vie affective qui sont à la source des symptômes psychopathologiques.

Ce détour par la psychopathologie issue de la psychanalyse permet de comprendre comment un marxisme trop mécaniste risque de manquer une conception réellement dialectique des *rapports individu-milieu,* en substituant la notion de personnalité comme « système de relations » à l'étude des structures de la subjectivité. Cette notion d'apparence objective et matérialiste, par son caractère *réducteur,* ne permet pas de comprendre les mécanismes de constitution du désir et laisse la sexualité au niveau d'une étude purement comportementaliste. (Cette conception de la personnalité comme « système de relations » est illustrée par les travaux du psychologue et psychiatre soviétique R.A. Zatchepitski, qui se réclame ouvertement d'une approche marxiste de la psychothérapie.)

Le rapport individu-milieu est un rapport médiatisé à de multiples niveaux. Dans le cadre d'une conception de la personnalité conçue comme un « système de relations », si on veut garder au psychisme sa spécificité, il faut concevoir la notion de « relation » non pas dans son aspect objectif, externe (« relation » au milieu, « relation » à la famille, etc.) mais dans son aspect subjectif interne. C'est l'intériorisation de la « relation » qui est le processus décisif quant à l'organiation de la personnalité.

Cette notion « d'intériorisation » — en tant qu'elle fait référence à la *sédimentation* et à la *stabilisation* sous forme d'imagos des expériences du passé (ce qu'on appelle les *images*) — met au premier plan la place de « l'infantile » dans la structuration de la vie affective.

L'infantile, au sens de la psychanalyse, ce n'est pas « l'enfance » des romanciers et des poètes. C'est l'organisation des bases de la vie affective, qui va à tout jamais marquer notre façon d'aimer ou de haïr, c'est-à-dire nos choix amoureux, nos inclinations professionnelles, les modalités de nos engagements idéologiques. C'est l'enfant qui est en nous qui préside à notre destinée. Il ne faut pas méconnaître l'autonomie essentielle de la vie affective, en tant qu'elle se constitue à partir des mécanismes de structuration du désir, c'est-à-dire à partir de la sexualité. Sexualité et affectivité sont liées constitutivement. La vie émotionnelle et affective puise son énergie et son importance dans les forces profondes issues de la sexualité.

C'est ce rapport entre sexualité, affectivité, désir que nous allons maintenant examiner plus dans le détail.

La psychanalyse comme approche matérialiste du problème du désir

Pour la psychanalyse, le mouvement de la sexualité se constitue en trois niveaux étroitement combinés entre eux : le *besoin,* la *pulsion,* le *désir.*

Le grand problème de la sexualité humaine, c'est, nous l'avons dit, son statut mixte : naturel et social à la fois. Ce que C. Lévi-Strauss exprime ainsi : « ...la vie sexuelle est, au sein de la nature, une amorce de vie sociale : car, parmi tous les instincts, l'instinct sexuel est le seul qui, pour se définir, ait besoin de la stimulation d'autrui. » (*Structures élémentaires de la parenté,* p. 14).

K. Marx avait déjà eu, à sa manière, l'intuition de cette *singularité décisive* du rapport entre les sexes, quand il écrivait dans les *Manuscrits économico-philosophiques*, dans le style humaniste de cette époque : « ...le rapport de l'homme à la femme est le rapport le plus *naturel* de l'homme à l'homme. En celui-ci apparaît donc dans quelle mesure le comportement *naturel* de l'homme est devenu *humain* ou dans quelle mesure l'essence *humaine* est devenue pour lui l'essence *naturelle,* dans quelle mesure sa *nature humaine* est devenue pour lui *la nature*. » (K. Marx, *Manuscrits de 1844,* Éditions sociales, 1972, p. 86.)

A sa façon, et dans une problématique complètement différente, il anticipait — involontairement — sur les recherches de C. Lévi-Strauss relatives à la prohibition de l'inceste, et que ce dernier commente ainsi, selon des formulations qui sont très importantes pour notre propos : « Cette règle sociale par sa nature de règle est en même temps présociale à un double titre : d'abord, par son universalité, ensuite, par le type de relations auxquelles elle impose sa norme. Or, la vie sexuelle est elle-même doublement extérieure au groupe. *Elle exprime au plus haut point la nature de l'homme* (souligné par moi, B. M.), *elle atteste, au sein même de l'humanité, la survivance la plus caractéristique des instincts (id.) ;* en second lieu, ses fins sont doublement à nouveau transcendantes : elles visent à satisfaire, soit des désirs individuels, dont on sait suffisamment qu'ils sont les moins respectueux des conventions sociales, soit des tendances spécifiques qui dépassent également, bien que dans un autre sens, les fins propres de la société. »

On ne peut pas sortir de cette contradiction, sauf à parler d'autre chose que de *sexualité humaine.*

Tout le problème est de savoir comment prendre en charge le processus *d'acculturation,* par quoi la sexualité « sauvage », « l'instinct sexuel », se trouve métamorphosé en les différents avatars du *désir* assortis de toutes les vicissitudes de la *vie fantasmatique.* C'est ce que nous proposons de tenter d'élucider. Commençons par le commencement. Les *grands besoins d'autoconservation,* faim, respiration, excrétion, etc., nécessaires au maintien de la vie, ne peuvent en aucune manière rester sans réponse. Leur satisfaction peut être plus ou moins retardée, dans des limites en général étroites ; ils subissent une sorte de régulation, qui n'est rien d'autre que leur propre autorégulation physiologique soumise à une sorte d'apprentissage relatif à l'organisation de la vie sociale et familiale.

Paradoxalement, c'est dans le mouvement même de cet apprentissage de la régulation des grands besoins d'autoconservation que vient s'infiltrer la sexualité, par ce processus d'*étayage* que Freud a mis au principe de l'émergence de la sexualité infantile.

Le *« besoin sexuel »,* lui, peut être plus ou moins *différé,* il l'est en quelque sorte par *nature même,* pourrait-on dire, puisqu'il implique l'assentiment du partenaire, ce qui introduit un minimum de *temps de latence.* Il peut être d'aileurs indéfiniment différé, voire même non satisfait, sans dommage vital réel. Les aspects psychologiques de l'abstinence sexuelle posent de tout autres problèmes. Par conséquent, le « besoin sexuel » est soumis, par la force des choses, à un *détour,* à une sorte de *satisfaction différée,* qui est constitutif de sa nature relationnelle. C'est dans ce mouvement de la satisfaction différée que *s'élabore le désir,* par des processus très complexes qui mettent en jeu la constitution de la *subjectivité* et la participation de la dynamique du *langage.*

Le besoin (physiologique) à l'état brut n'existe pas. Il est décomposé et repris en charge par le système des *pulsions partielles* issues de la sexualité infantile. La charge libidinale des pulsions partielles, qui prend naissance lors de leur constitution, ne prend tout son effet qu'au moment de la mise en route de la *sexualité génitale,* liée à la maturation de l'appareil sexuel.

Le système des pulsions partielles se recompose et se recombine sous le *primat du génital,* de telle sorte que le « besoin » imprégne leur fonctionnement qui s'est néanmoins autonomisé du fait de l'accompagnement fantasmatique constitutif de tout fonctionnement pulsionnel, de par sa nature même. Chaque pulsion partielle, du fait de son appui, de son étayage, de son surgissement à partir de la satisfaction d'un besoin d'autoconservation, satisfaction corrélative de la présence active d'un autrui constitutivement nécessaire de cette situation relationnelle vitale, se trouve ainsi assortie d'une *configuration fantasmatique* qui traduit au niveau d'un imaginaire indéfiniment diversifié le vécu de cette satisfaction originaire (on pourrait prendre comme exemple classique celui de la *pulsion orale,* avec tout son accompagnement fantasmatique : dévorer, être dévoré, faire rentrer dans son corps, détruire, etc., ou l'accompagnement fantasmatique des *pulsions anales :* donner, reprendre, garder en soi, maîtriser, détruire, etc.). C'est l'accompagnement fantasmatique qui marque l'entrée en jeu de l'univers de la subjectivité. Vécu informe et chaotique au début, il se structure et s'organise au fur et à mesure du développement psycho-sexuel.

C'est tout d'abord un *vécu cénesthésique* qui se convertit, si l'on peut dire, en subjectivité dès lors qu'*il prend sens* pour l'enfant, dans la relation privilégiée qu'il entretient avec son environnement : néo-natal, maternel, familial, etc. Cette *prise de signification* se constitue sous la forme d'un *accrochage* de la pulsion à un élément ponctuel de cet environnement qui s'élève ainsi à la dignité de *signifiant.* Cet élément ponctuel de l'environnement prend un caractère privilégié en relation avec la *force* du moment du développement pulsionnel.

On sait que la pulsion, « concept limite entre le somatique et le psychique », comme le souligne Freud, n'a pas d'existence psychique propre. Elle n'existe dans le psychisme que par l'intermédiaire de son « *représentant-représentatif* », qui est en quelque sorte constitué par la conversion, la tranformation de l'énergie pulsionnelle en signifiant. Freud affirme également que la pulsion « est la mesure du travail imposé au psychique du fait de sa relation avec le somatique ». Ce travail se traduit dans l'énergie d'excitation qui, en captant un élément privilégié de l'environnement, le convertit en « représentant-représentatif » de la pulsion.

C'est le *besoin* (organique) qui fournit *l'énergie d'excitation* à la pulsion. Le besoin vise à la satisfaction : la *pulsion* est déjà une *étape* vers ce *détour de la satisfaction différée* dont le désir sera l'expression achevée. Les pulsions partielles donnent *forme* à ce détour et, par leur accompagnement fantasmatique, annoncent déjà *l'étoffe du désir*.

Lorsque Freud écrit que la pulsion « apparaît comme un représentant psychique des excitations émanées de l'intérieur du corps... », il met bien l'accent sur l'enracinement organique de la pulsion et le « travail » dont il parle consiste en cette *transformation de l'énergie pulsionnelle en signifiant,* corrélative de la constitution de l'univers subjectif élémentaire formé d'un système de significations limitées.

C'est le *langage* qui, dans un *après-coup* massif, va subvertir complètement cet univers élémentaire pour lui donner son organisation définitive. *Dans ce même mouvement la pulsion va se convertir en désir.* Dans un texte célèbre de la *Science des rêves,* au chapitre de « La psychologie des rêves », Freud montre comment le désir se constitue par la liaison entre la « trace mémorielle d'excitation du besoin » et « l'image mnésique » de la perception de l'objet apportant la satisfaction. « Dès que le besoin se représentera, écrit-il, il y aura, grâce à la relation établie, déclenchement d'une impulsion psychique qui investira à nouveau l'image mnésique de cette perception dans la mémoire, et provoquera à nouveau la perception elle-même, c'est-à-dire reconstituera la situation de la première satisfaction. *C'est ce mouvement que nous appelons désir* (souligné par moi, B. M.) ; la réapparition de la perception est l'accomplissement du désir... » (*Interprétation des rêves,* p. 481.) Le désir est en quelque sorte l'équivalent de la « satisfaction hallucinatoire » : il postule une mise en activité de *l'imaginaire* soumis à un certain agencement, selon l'organisation d'un scénario où se trouve impliqué le sujet lui-même, c'est-à-dire le *fantasme.* Fantasme et désir sont ainsi corrélativement liés. Ils constituent l'étoffe de ce que Freud appelle la « réalité psychique » et dont la trame n'est rien d'autre que l'inconscient.

L'inconscient est le *lieu structurel* où s'organisent les processus qui sont au principe de la constitution des désirs et des fantasmes. Il est ainsi le lieu d'*acculturation de la sexualité* dans la mesure où la structure centrale, organisatrice de la dynamique de l'inconscient, dans son rapport au désir, c'est-à-dire la *structure œdipienne,* est en quelque sorte le *reflet psychique des structures de parenté.*

C'est l'organisation de l'inconscient qui sert de *matrice* à la structure de la personnalité, ce qu'on appelle le *« caractère »,* dont les excroissances ou les déformations donnent lieu aux symptômes névrotiques, ou la dislocation au drame psychotique. Dans le même mouvement s'organise le potentiel pulsionnel et fantasmatique de l'individu qui va programmer toute sa vie sexuelle et amoureuse.

Ainsi, la sexualité humaine subit un *double processus d'acculturation : un processus originaire,* assuré par la mise en place des structures de l'inconscient, qui pourvoient à la transformation de la pulsion en désir, l'inconscient étant ainsi lui-même constitué par ce mouvement de *passage* du pulsionnel au désir ; *un processus secondaire,* relatif au système moral, aux mœurs, aux valeurs érotiques d'une époque ou d'une société donnée, qui socialise le désir selon les normes culturelles historiquement définies.

En soulignant ce *double niveau du culturel,* un niveau originaire d'*hominisation* et un niveau secondaire de *socialisation,* on évite l'écueil d'un biologisme qui réduit la pulsion à « l'instinct » sexuel, et un sociologisme réducteur qui occulte l'origine organique du point de départ de l'excitation pulsionnelle. La *pulsion* n'est plus l'instinct, système stéréotypé et fixé en vue de la reproduction, elle inscrit la sexualité humaine dans son intentionnalité spécifique qui est la recherche du plaisir ; *le désir* est, de ce fait, en quelque sorte, *l'anticipation dans l'imaginaire du plaisir attendu.*

C'est parce que la psychanalyse a affaire *au procès d'hominisation-socialisation de la sexualité,* c'est parce que son « objet scientifique » est *l'inconscient,* lieu structurel où s'élaborent les processus de structuration, du *désir,* c'est tout cet ensemble de considérations qui explique les tiraillements idéologiques dont elle est parfois la victime. Son statut épistémologique est instable, il est en quelque sorte *mixte,* au même titre que le statut existentiel de la sexualité humaine. De ce fait, sa théorisation doit prendre en charge des notions *hétérogènes,* comme la *force* et le *sens,* qui sont l'émanation, la conséquence, l'effet, des *processus de transformation de l'énergie pulsionnelle en signifiants.*

C'est ce que Freud a cherché à conceptualiser dans ce qu'il appelle le *point de vue métapsychologique,* avec sa triple orientation : *topique, dynamique, économique.* C'est ce que nous pouvons résumer dans l'association contradictoire de la *signification* et de l'*énergie.*

Nous allons reprendre ces problèmes pour terminer.

Pour une pratique « marxiste » de la psychanalyse ?

La question est à la fois absurde et judicieuse. Elle est absurde dans la mesure où la pratique thérapeutique est « neutre », le psychanalyste n'est ni un moraliste ni un conseiller, il n'a pas à enseigner une conception de la vie. La psychothérapie (et la psychanalyse) est un mélange complexe et instable de technique et d'intuition, où le praticien agit tout aussi bien avec ce qu'il est qu'avec ce qu'il dit ou fait : cette pratique est avant tout un *art.* Toute pratique thérapeutique est un *art,* balisé par un système de références théoriques, grâce à quoi le praticien est un thérapeute et non pas un guérisseur.

L'appareil théorique qui guide la pratique du thérapeute n'est pas sans conséquence sur cette pratique et il a parfois des implications idéologiques. Selon qu'il agit comme *psychothérapeute,* ou comme *psychanalyste,* ses options théoriques et idéologiques auront des effets et des conséquences différentes.

En tant que psychothérapeute, sa démarche est plus globale, prenant en charge la totalité de la personnalité de son interlocuteur, dans ses aspects conscients et inconscients. *En tant que psychanalyste,* il est essentiellement à l'écoute des *formations de l'inconscient* qui surgissent dans le déroulement du discours du patient. En tant que psychothérapeute, il s'intéresse à la *biographie* de son patient, comme histoire à la fois racontée et vécue, dans son contexte social et professionnel, dans son environnement idéologique. En tant que psychanalyste, c'est le *roman familial* qui compte en tant que biographie imaginaire, telle que le discours du patient la décompose de façon discontinue dans le mouvement de son discours et des séances de thérapie.

Dans un cas comme dans l'autre, le moteur de la cure, c'est *le transfert ;* comme arrière-plan non explicite dans la psychothérapie, comme fondement de l'interprétation dans la cure analytique. *Le transfert témoigne de l'émergence du désir,* dans des mouvements régressifs qui font apparaître des désirs de plus en plus anciens. L'intervention du thérapeute vise à les pointer et à élucider leur caractère anachronique.

Une pratique « marxiste » de la psychanalyse ? La question est sans objet, sinon que de solliciter une sorte d'hygiène intellectuelle qui soit soucieuse du caractère complexe et contradictoire du domaine auquel s'adresse cette pratique.

La transposition en termes techniques de la contradiction énoncée plus haut en termes théoriques entre *signification* et *énergie,* s'énonce alors selon les termes de la *représentation* et de l'*affect*. C'est *l'affectivité* qui est mobilisée et mobilisatrice dans la cure, c'est son action qui est au principe des changements opérés par celle-ci. Mais l'affect est rarement saisi à l'état brut : il est supporté par les représentations, que véhicule le discours du patient.

L'être humain a un besoin impérieux d'aimer, et encore plus d'être aimé. La nourriture affective lui est aussi nécessaire que la nourriture qu'il absorbe ou l'air qu'il respire. Le transfert n'est pas autre chose que l'expression, suscitée dans, et par, un contexte particulier de ce besoin fondamental.

La psychothérapie et la psychanalyse ne sont actives qu'en tant qu'elles réalisent une situation de mobilisation émotionnelle et affective, une sorte de catharsis au long cours, durant laquelle les prises de conscience ponctuelles sont à la fois l'expression des changements internes opérés, et le moyen d'opérer des changements internes ultérieurs. Il faut, à la fois, tout au long de la cure, vivre, se remémorer, comprendre, toute réduction à l'une ou l'autre de ces dimensions est préjudiciable tant au point de vue pratique que théorique.

Mettre l'accent sur la mobilisation émotionnelle, c'est se situer dans le cadre des méthodes néo-cathartiques contemporaines, d'origine américaine (bio-énergie, végétothérapie, cri primal, etc.), qui font un forcing démesuré pour faire surgir les affects, de façon spectaculaire, mais sans efficacité en profondeur. Mettre l'accent sur la rationalisation, c'est tomber dans un intellectualisme sophistiqué, dont certains adeptes de Lacan donnent le spectacle caricatural.

Cependant, ces déformations, ces « déviations » (pour prendre un vocabulaire politique) sont le danger permanent de la pratique psychothérapique et psychanalytique, si elle ne se donne pas des fondements théoriques cohérents qui prennent en charge la totalité des paramètres de la situation, dans leurs interactions variables et multiples.

Cette hygiène intellectuelle doit donc soutenir une pratique qui soit à la fois *déterministe, rationaliste, matérialiste,* toujours au plus près des faits traduits dans le transfert et le contre-transfert, méfiante de toute spéculation et de tout dogmatisme. Le praticien de culture marxiste ne méprise pas le caractère éminemment empirique de son « art » ; cependant, il a le souci de l'articuler sur une théorisation qui soit à la fois cohérente et heuristique.

Enfin, un dernier problème, immense, intéresse au plus haut point le praticien marxiste ; il constate, dans sa pratique, *les effets prodigieux de l'affectivité,* en positif et en négatif. Il peut alors se demander si ce qu'il observe au niveau de la relation interindividuelle privilégiée qui est au cœur de sa pratique ne peut pas avoir d'*équivalent au niveau du collectif,* du mouvement de masses comme on dit. En d'autres termes, c'est le rapport entre *inconscient individuel* et *imaginaire collectif* qui se trouve ainsi mis au jour.

C'est toute la question de l'apport de la psychanalyse à un examen plus approfondi et plus riche du problème du *processus idéologique et de l'idéologie.* Mais ceci est une autre histoire ! Et qui nécessiterait de nouveaux développements.

L'hypnose entre amour et politique

Ce texte est la contribution à un ouvrage collectif sur l'hypnose. *L'hypnose sert ici de prétexte et de support à des considérations d'ordre anthropologique* qui, nous le verrons, sont impliquées dans sa nature même. Rappelons quelques données de base. L'hypnose est l'ancêtre des psychothérapies, elle a donné naissance à la psychanalyse. On sait que Freud à ses débuts, en tant que neurologue voulant soigner les « maladies des nerfs » (c'est-à-dire les névroses), n'avait à sa disposition que l'hypnose, alors (déjà) discréditée par l'usage qui en était fait comme spectacle dans les foires et les music-halls.

Cependant l'hypnose est un *fait,* à la fois clinique et thérapeutique. Elle consiste en une sorte de sommeil artificiel (plus ou moins superficiel) produit par des suggestions verbales et une sorte d'état de relaxation. La psychothérapie s'opère par suggestion sous hypnose. Actuellement, l'hypnose est surtout utilisée comme une forme de technique d'anesthésie psychologique. (Dont sont dérivées certaines méthodes de préparation à l'accouchement « sans douleur ».) Certains auteurs (L. Chertok) ont pu produire des *hémostases* (cessation d'hémorragies) au cours d'interventions de chirurgie stomatologique) par voie de suggestion hypnotique, ou encore des *vésications,* c'est-à-dire des lésions cutanées s'apparentant à des brûlures.

Ainsi, l'hypnose est bien une *réalité.* Ses mécanismes d'action sont complexes, et encore bien mystérieux. Le rapport entre hypnose, transfert, suggestion, reste encore source de beaucoup de problèmes théoriques et pratiques, discutés très vivement à l'heure actuelle parmi de nombreux psychanalystes et psychothérapeutes. Certains reprochent à l'hypnose le manque total de liberté du patient et son risque d'assujettissement complet au thérapeute. En fait, la *suggestibilité,* c'est-à-dire l'aptitude à l'hypnose, est très variable selon les sujets. C'est surtout pour cette raison — les limites de son utilisation — qu'elle a été, en partie, abandonnée en tant que technique de psychothérapie.

Freud est passé de l'hypnose à la méthode cathartique (remémoration et reviviscence sous hypnose des souvenirs « traumatiques » avec décharges émotionnelles et affectives intenses) et de celle-ci au discours selon les « libres associations », c'est-à-dire la psychanalyse. On peut se demander — légitimement — ce qu'il demeure d'« effet » d'hypnose, ou d'« effet » de suggestion dans toute psychothérapie, y compris la psychanalyse, telle est la question qui reste encore entière actuellement.

Enfin, rappelons que c'est Charcot qui montrait, dans les années 1880, comment on peut faire disparaître un symptôme hystérique par suggestion hypnotique, et comment on peut le reproduire de la même façon. Un peu plus tard, Freud allait prendre des leçons auprès de ce maître alors incontestable. Plus tard encore, à Nancy, chez Bernheim, il complétera sa formation dans le domaine de la suggestion et de l'hypnotisme.

La dette de la psychanalyse envers l'hypnose est immense, et loin d'être complètement liquidée.

Toute approche unilatérale de l'hypnose est réductrice et dénature sa spécificité. L'hypnose est une manifestation psychosomatique complexe dont il faut assumer *l'unité contradictoire.* A ce titre, elle réalise une situation expérimentale de caractère heuristique. Sinon, à vouloir la dédoubler en ses « aspects physiologiques » et ses « aspects psychologiques », on retombe dans un dualisme stérile. Reste à savoir si l'approche psychanalytique est respectueuse de cette unité dialectique.

C'est ce que nous nous proposons d'examiner dans le courant de ce travail.

Tout praticien de la psychothérapie se trouve confronté à cette lancinante question : comment ça marche ? Le probème des processus qui président au changement est loin d'être éclairci. On constate les changements, on constate ce qu'on appelle la « guérison », chacun met des mots issus d'un sytème théorique personnel, pour rendre compte de ce qui se passe, pour éclairer, pour baliser sa pratique. La complexité du problème est telle qu'il y a comme une sorte de mise en dérision de la théorie, qualifiée de théorie-fiction par les uns, ou de « métapsychologie portative personnelle » pour les autres.

Or, il se trouve que l'hypnose est une des formes les plus anciennes de psychothérapie, sinon la seule, avant que les différentes techniques se soient différenciées. Elle constitue, en quelque sorte de façon paradigmatique, la forme élémentaire et expérimentale de situations ou s'exprime *l'influence d'un être sur un autre.* C'est l'examen empirique des différents éléments qui constituent cette situation qui doit permettre, d'une part d'en élucider une partie du mystère, d'autre part d'aborder des situations apparemment fort éloignées, mais dont il nous semble que l'hypnose détient l'essentiel du secret : *l'amour* et *l'engagement politique* Nous verrons que tout tourne autour du problème fondamental de la *croyance.*

Ce problème de la croyance, nous allons l'étudier dans les deux thématiques suivantes · 1) de la foi qui guérit à la guérison par l'amour; 2) l'engagement politique comme tentative d'autoguérison.

De la foi qui guérit à la guérison par l'amour

Ce qui frappe avant tout le praticien de la psychothérapie, c'est la *confiance* dont il est investi. Cette « confiance » fonde son efficacité : c'est en quelque sorte le patient qui *s'auto-mobilise* par l'intermédiaire de sa relation avec son thérapeute. (Mais il ne le sait pas !) Or ce même patient ne peut pas s'auto-mobiliser tout seul devant sa glace, ou devant son mur vide, sauf si celui-ci supporte quelque chose comme un crucifix, ou une image voisine, ou si le patient s'agenouille et prie, c'est-à-dire s'inscrit dans un système postural qui postule un interlocuteur invisible. Les techniques corporelles issues des pratiques venues d'Extrême-Orient visent à mobiliser « l'énergie nerveuse » sans faire, apparemment, référence à un interlocuteur virtuel ; mais elles contiennent implicitement une ascèse qui s'adresse à un interlocuteur abstrait : le sujet, face à lui-même, doit toujours faire appel à une référence tierce qui justifie et soutient son projet. Ainsi, la prière, les arts martiaux, la psychothérapie n'ont de vertu mobilisatrice que parce qu'elles mettent en mouvement les structures d'un dialogue intrasubjectif. L'organisation de la relation thérapeutique doit refléter et reproduire l'organisation du rapport des structures intrasubjectives.

Ainsi, tout se passe dans la tête du patient. Le pouvoir qui est imputé au thérapeute lui est conféré par le patient, qui « s'autoguérit » en quelque sorte en utilisant le thérapeute comme un médicament. Est-ce aussi simple ? (Même du point de vue du médicament.) C'est la structure plurielle et conflictuelle du psychisme humain qui permet l'interaction des instances intrasubjectives. Mais « l'influence » du psychothérapeute reste entière, et c'est elle qu'il s'agit d'élucider.

L'hypnose peut nous donner quelques indications.

Un certain état de déprivation sensorielle favorise la baisse de la vigilance : l'environnement de l'hypnotisé se réduit progressivement à la seule présence de l'hypnotiseur et de ses injonctions. De la même façon, dans la situation psychothérapique, l'univers du patient se réduit à l'écoute du praticien et à l'attente de ses paroles. C'est *« l'attente croyante »* que très tôt dans sa recherche Freud avait mis au principe de toute action psychothérapique. L'« attente croyante » traduit l'état de dépendance que suscite toute *situation de demande.* Que ce soit le psychothérapeute ou l'inspecteur des impôts, une dissymétrie s'instaure automatiquement entre celui qui demande et celui à qui on s'adresse, au bénéfice de ce dernier.

On ne peut pas s'en tirer en faisant appel aux « images parentales » : la régression induite par la situation psychothérapique procède de mécanismes plus complexes, et « l'attente croyante » est issue des processus les plus primitifs, antérieurs à la formation des images maternelles et paternelles.

On tombe ainsi de plein fouet sur le problème de *croyance.* Il nous faut pratiquer un certain détour pour démontrer ce théorème de base selon lequel *l'être humain, en tant qu'être parlant, est assujetti à la croyance.*

Il s'agit de montrer que la croyance a directement partie liée avec les *processus de subjectivation* par lesquels l'être humain se déprend de la cénesthésie primordiale pour accéder au statut de sujet. L'individu humain doit se dépendre du vécu cénesthésique immédiat (« animal », pourrait-on dire), pour « se représenter » ce vécu par autre chose qui n'est pas ce vécu lui-même. C'est dans ce mouvement où l'individu se soustrait à l'immédiateté du vécu cénesthésique, en se donnant un substitut, qu'il accède au statut de sujet, grâce à l'accès au langage.

Par ce procès subjectivation il est à jamais mis à distance du « réel ». La réalité est alors constituée pour lui par un système de « représentations » organisé en structure de « significations ». De boule de chair agitée de pulsions intransitives, en proie à la « détresse originelle », l'individu humain devient sujet au fur et à mesure qu'il arrive à faire la distinction du « dedans » et du « dehors », du « moi » et du « non-moi », que son univers psychique s'organise en fonction des relations dialectiques avec l'environnement néo-natal. Dans ce même mouvement se constitue ce que Freud appelle le « jugement primordial d'attribution », par quoi l'individu devient sujet, en distinguant *perception* et *représentation,* ce qui est *vécu* du « dedans » devient ce qui est représenté au « dehors ». C'est en quelque sorte un mouvement de *symbolisation primordiale* qui institue l'extérieur comme ensemble de significations.

La prise sur le « réel » n'est plus directe et immédiate comme pour l'animal, elle est indirecte, médiatisée par un système de représentation, dans un mouvement de symbolisation qui fait ce « réel » à jamais perdu pour le sujet qui n'a à sa disposition que le *crédit* qu'il accorde à ses représentations. Là s'origine le mécanisme de *la croyance : il n'est de rapport à la réalité que de croyance.*

C'est la *pratique sociale collective* qui institue la réalité matérielle comme *réalité objective,* extérieure au sujet (thèse gnoséologique matérialiste) ; mais au plan de l'individu, *l'illusion, l'hallucination,* la *réalité externe* ont le même *indice de réalité.* C'est l'existence du *moi* qui permet la mise en œuvre de *« l'épreuve de réalité »* grâce à quoi s'opère la distinction entre ces différents niveaux d'opérations subjectives.

Ainsi, l'individu humain est *assujetti à la croyance,* c'est-à-dire une opération à la fois intellectuelle et affective, qui est sa seule ressource comme accès à la réalité, dès lors qu'il parle, ou qu'il se meut dans un univers de significations, c'est-à-dire que dans le même mouvement où il « se représente » la « réalité » il s'institue et se constitue comme sujet.

La croyance s'insère donc à l'intersection d'une opération cognitive et du mouvement de constitution du *désir,* dans la mesure où « l'objet » extérieur, source de la satisfaction, quand il est perdu dans sa *réalité objective,* se reconstitue dans une *réalité objectale* sous l'effet des mouvements pulsionnels, orientés vers une « expérience de satisfaction », qui reconstitue et retrouve « l'objet » dans la réalité subjective. C'est l'ensemble de cette expérience — satisfaction réelle et satisfaction hallucinatoire — qui constitue le *fondement du désir.*

Ainsi, le mouvement de constitution du désir institue « l'objet » dans une sorte d'ambiguïté, une espèce de mixité, entre « réel » et « imaginaire » — ce que Winnicott a thématisé à sa façon, sous la notion « d'*aire transitionnelle* », mouvement de constitution qui promeut la croyance comme seule possibilité d'*attribution d'existence.* « Se représenter », « désirer », « croire », c'est en quelque sorte la même chose. L'individu humain, en tant qu'être parlant, c'est-à-dire en tant qu'être de désir, est, par voie de conséquence, *être de croyance.*

En effet, l'être humain, dans sa pratique quotidienne, est spontanément « matérialiste ». Il ne se pose pas la question de savoir si son automobile existe « vraiment », ou s'il avale une pomme ou une illusion de pomme. Cependant, dans ses réflexions, sa tendance est *plutôt* « idéaliste ». Rien ne peut lui donner la certitude absolue de l'existence de la réalité extérieure, ce qui permet cette absurdité philosophique qu'est l'idéalisme solipsiste.

C'est la grande honte de l'esprit humain, disait Diderot, de ne pouvoir démontrer au niveau des idées la vanité de l'idéalisme philosophique. Enfermé dans sa subjectivité, l'individu humain n'a de rapport à la réalité que de « représentation » ; c'est là la source de l'idéalisme philosophique.

De l'idéalisme philosophique au fidéisme, il n'y a qu'un pas, semble-t-il. Peut-on en dire autant dans le domaine de la psychologie ? Ou, en d'autres termes, quel est le chemin qui mène de la *croyance* à la *foi ?* On pourrait dire que *la foi (religieuse) est une croyance qui s'institue dans un système idéologique supporté par une institution.*

Une *foi « privée »,* sans référence directe ou indirecte à un système idéologique (la religion), s'apparenterait à un *délire.* Ainsi, la croyance n'a d'efficace que parce qu'elle rencontre un consensus défini par le *code social :* le guérisseur, le médecin, l'hypnotiseur, le prêtre sont censés produire certains *effets* par une action qui leur est spécifique, soit qu'elle soit apprise par une transmission bricolée (le guérisseur), soit qu'elle ait été enseignée par et dans un système institutionnel (le médecin), soit qu'elle se supporte d'un statut mixte, entre technique et magie, comme l'hypnose. Dans tous ces cas, le sujet, c'est-à-dire le praticien, n'est pas tellement « censé-savoir », que *« censé-faire »,* et ce *faire* lui est attribué au niveau d'une certaine forme de consensus social.

Le patient *s'attend* à des effets : il est disponible pour les recevoir bien avant la rencontre. Pour certains, il s'agirait là en somme d'un *prétransfert.* Nous reprendrons le problème du transfert plus loin, mais notons que *l'« attente croyante »* est déjà inscrite dans le système institutionnel qui préside à l'organisation de la mise en œuvre d'une pratique (thérapeutique) donnée. (Si le psychothérapeute se déguisait en garçon coiffeur, quelle que soit sa « science », il ne produirait *aucun effet* thérapeuthique. Et, bien entendu, aucun effet capilaire !)

La structure de la croyance est donc déja inscrite dans le système institutionnel qui lui donne le support de la mise en œuvre de sa pratique (le « prêtre »). C'est la rencontre entre la structure externe, institutionnelle, de la croyance, et les processus psycho-affectifs générateurs de la subjectivité qui produit l'effet recherché. Ainsi, le patient (le sujet) ne « croit » pas à n'importe quoi, il « croit » à ce qui est prescrit comme domaine d'une certaine « foi », dans une *culture* donnée, dans une *société* donnée, à une époque donnée de *l'histoire.*

Cela étant dit, le sujet « croit » parce qu'il a « besoin de croire », et c'est ce « besoin de croire » dont il faut poursuivre l'élucidation. Si le *« fait de croyance »* a partie liée avec le procès de subjectivation tout se passe comme si le *« besoin de croire »* était une sorte de tension pour franchir les barrières de la subjectivité, pour aller aux retrouvailles du « réel » perdu à tout jamais dans la constitution de la subjectivité. Croire, c'est ainsi tendre vers un au-delà de la « représentation », pour retrouver une réalité qui lui donne crédit. Or, le « réel » perdu dans (et par) le procès de subjectivation, c'est le vécu cénesthésique d'une unité, unité a-céphale de la période intra-utérine, unité fusionnelle avec la mère de la période néo-natale.

Avec la distinction « dedans-dehors », « moi-non-moi », c'est *l'incomplétude narcissique* qui surgit, donnant à l'état de détresse originelle son statut indélébile de prototype de *situation d'angoisse.* La perte du « réel » se solde d'un surgissement de l'affect existentiel majeur : *l'angoisse.* On sait que *l'objet transitionnel* vise à permettre une sédation de l'angoisse, en tant que, et simultanément, substitut de la présence maternelle et manifestation du mouvement transitionnel qui permet un accès progressif, sans trop de heurt, pour le passage de la distinction du « dedans » et du « dehors ».

Le « besoin de croire » se nourrit donc de la béance ouverte dès lors que l'individu humain devient sujet et que le *désir* se cherche un « objet » pour assurer la légitimité de son existence. Le pervers fétichiste qui *n'arrive pas* à « croire » que la mère ne possède pas de pénis, et occulte cette non-croyance par la croyance en un substitut fétiche, traduit bien cette bascule permanente entre le croire et le non-croire. (Que Pascal avait tenté de résoudre par son fameux *pari.*)

Le « besoin de croire » puise sa source à la nostalgie lancinante de l'unité perdue. Il puise sa force indestructible dans les liens les plus archaïques avec la mère en tant que celle-ci a pu représenter le paradis perdu de la *complétute narcissique.* Le « besoin de croire » a donc partie liée avec les processus psychologiques qui sont au principe du besoin d'aimer et d'être aimé (« qui n'abandonnera plus jamais l'homme », comme le souligne Freud), corrélativement à l'état de détresse originelle.

Tout praticien de la psychothérapie est, justement, frappé par le *besoin d'être aimé* (et d'aimer) qui anime la plupart des patients. (Un de mes patients appelait, significativement, et curieusement, mon cabinet de consultation le « bordel d'amour » !)

Tout patient, quel qu'il soit, dès lors qu'il entre en *« thérapie » vient pour être aimé.* (De ce point de vue, « l'égoïsme » des patients est sans limite.) Il guette le moindre signe, la moindre parole qui puisse conforter son espérance. Même les rigueurs du protocole de la situation psychanalytique n'enlèvent rien à la force de cet espoir insensé. Au contraire : le cadre psychanalytique induit des régressions plus profondes et plus tenaces qui suscitent des mouvements de demande d'amour qui sont au principe même du processus psychanalytique.

Ainsi, « croire », c'est *croire à l'amour,* c'est croire à la disponibilité intemporelle et permanente de « l'objet ». « Il (elle) s'intéresse à moi », « il (elle) s'occupe de moi », « il (elle) m'aime » : tel est le vœu secret (ou parfois explicitement exprimé) de tout patient. Ce vœu est tellement intense qu'il n'a aucune peine à se convertir en *croyance,* et se fige alors dans une *foi,* parfois difficile à démentir.

Si la croyance se nourrit d'une incertitude originelle, la *foi* constitue la *fin absolue,* le terme définitif de cette *errance du croire.* Mais cette certitude ne peut être apportée que de l'extérieur, par une *institution,* un *système idéologique,* un ensemble de *rites,* qui en supporte la *réalité.*

Il en est de même pour la situation psychothérapique (ou psychanalytique) qui se supporte d'une existence institutionnelle bien assurée, malgré ses prétentions à une atopie asociale et sauvage.

En reprenant tout l'ensemble de cette perspective, on comprend mieux les processus qui œuvrent à la *« dynamique du transfert ».* Une piste aussi est ouverte dans la compréhension des mécanismes de l'hypnose. Toute l'attitude de l'hypnotiseur, tout son *jeu,* tout ce qu'on pourrait appeler d'un terme familier son « cinéma » (le côté théâtral de la situation hypnotique) constituent un effort concerté et explicite de *séduction,* au sens fort du terme. « Tu veux que je t'aime, dit-il (en substance) au patient ; eh bien ! oui, je t'aime. »

Comment cette *séduction-fascination* opère-t-elle pour provoquer des modifications au niveau physio-pathologique, c'est un autre problème. Léon Chertok, pionnier ardent et infatigable de l'hypnose, met au principe de l'action hypnotique une *fonction relationnelle primaire.* On peut se demander si cette « fonction relationnelle » n'est pas à rechercher dans la dynamique constitutive des *mouvements libidinaux.*

L'excitation libidinale issue des avatars du destin pulsionnel (désirs et fantasmes) fournit au psychisme ce que Freud appelle des « représentations d'attente », vers lesquelles seront engagés les personnages privilégiés, notamment le thérapeute. C'est là *l'essence même du transfert.* Cette « fonction relationnelle primaire » n'est peut-être rien d'autre que *l'aptitude au transfert* impliquée dans la nature même des forces pulsionnelles.

La pulsion sexuelle est, simultanément, une *force d'attraction* de « l'objet » et de *recherche* de « l'objet ». Ce rapport entre forces pulsionnelles et « environnement » (la « mère », puis le « père ») est au principe même de la *constitution de l'inconscient.* La force pulsionnelle s'investit dans les éléments privilégiés de l'environnement néo-natal, ce qui institue ces éléments privilégiés en « *signifiants* ». C'est *l'accrochage* d'un signifiant à la pulsion qui est à la base de la constitution de l'inconscient. C'est l'existence de l'inconscient — et ses mécanismes de constitution, c'est-à-dire *la transformation d'une énergie d'excitation en signifiant* par l'accrochage nécessaire de la pulsion à un élément privilégié de l'environnement néo-natal et infantile — *c'est cette nature même de l'inconscient qui explique le phénomène de tranfert.* L'inconscient est déjà lui-même constitué par des processus de « transferts », c'est-à-dire des *déplacements d'investissements,* c'est-à-dire des modalités de déplacement de l'accent psychique qui lie l'affect et la représentation.

De ce fait, le psychothérapeute est déjà, en quelque sorte *en droit,* constitué d'une « *constellation de signifiants* ». De ce fait aussi, un système de représentations inconscientes peut trouver à s'accrocher à des éléments constitués par la situation psychothérapique, significatifs par certains aspects ponctuels : une voix, un visage, une odeur, une couleur, etc., qui constituent une *configuration de signifiants,* que les mouvements *régressifs* constitutifs de la situation psychothérapique (ou psychanalytique) promeuvent comme système d'accrochage, de *captation,* des affects. C'est, en quelque sorte, comme un « coup de foudre » au ralenti !

Reste à savoir si le transfert peut rendre compte des mécanismes constitutifs de l'hypnose. Notons à titre provisoire que Freud, dans son texte fameux (et princeps pour la problématique qui nous occupe) *Psychologie collective et analyse du moi,* affirmait, sans ambages, que *c'est l'hypnose qui doit rendre compte de l'état amoureux et non l'inverse.*

Nous reprendrons tout l'ensemble de ces problèmes, sur un registre apparemment différent, celui de *l'engagement politique.*

L'engagement politique comme tentative d'autoguérison

L'engagement politique, avec ses vicissitudes, ressemble à une *histoire d'amour.* Il connaît les mêmes enthousiasmes, les mêmes déceptions, les mêmes rancœurs. Parfois, l'amertume se transforme en haine. En fait, il s'agit d'une « *passion* », à tous les sens du terme. En tant qu'acte individuel, l'engagement politique requiert un examen au niveau de ses implications psychologiques et affectives. Mais l'engagement politique concerne, constitutivement, un groupe, en général bien structuré, ayant une finalité d'essence collective. A ce niveau et de ce fait, il obéit à des nécessités *sociales, économiques, historiques,* qui dépassent, et sont d'une autre nature que les motivations personnelles de chacun des participants. Un parti politique, ce n'est pas la somme arithmétique des motivations de chacun de ses adhérents, *c'est tout à fait autre chose.*

L'expression « engagement politique » est forte, en elle-même, de *résonances existentielles.* Il ne s'agit pas d'être membre d'un club de bridge ou d'une association sportive. La visée est plus globale, et plus profonde : « changer la société », et par le même mouvement, implicitement (ou explicitement) se changer soi-même : c'est ce qu'on appelle *donner un sens à sa vie.* Ce qui implique une certaine cohérence entre « conceptions du monde et de l'homme », et pratique individuelle. C'est ce qu'on appelle mettre en accord ses idées et ses actes. Seul un projet global peut supporter un engagement total. Il postule une analyse historique qui doit déboucher sur un projet de société, et la mise au jour des forces sociales capables de le mener à bien. C'est ce que cherche à exprimer le *projet marxiste.*

Le matérialisme historique tend à donner cohérence et rationalité au mouvement de l'histoire, mettant au principe de son moteur la *lutte des classes,* avec la classe ouvrière comme porteuse d'une rationalité historique supérieure. Le socialisme est un projet de société qui combine rationnalité économique et justice sociale. Un parti « ouvrier » (le parti communiste) est chargé de mettre en œuvre au quotidien cette dynamique de la rationalité historique. Il s'agit donc d'un projet « révolutionnaire ». Par là même, il a une portée anticipatrice et un certain coefficient d'utopie. Cependant, celui qui se trouve engagé dans l'action politique, *le militant,* vit nécessairement son action comme en prise directe sur la réalité. C'est *l'analyse politique* qui permet de dégager le degré d'adéquation entre la stratégie générale, ses applications particulières au niveau de la tactique, et le mouvement concret du réel.

Cette démarche, de type « scientifique » dans son principe (l'unité de la théorie et de la pratique), reste nécessairement empirique dans les faits, et suppose de la part de ses participants et acteurs une grande diversité d'attitudes affectives entre « l'optimisme révolutionnaire » et le scepticisme froid, sur le fond, le plus souvent, d'un flou psychologique qui oscille entre *conviction* et *croyance.* De la conviction (politique) à la croyance (affective) il n'y a qu'un pas : *dans toute action militante il y a nécessairement une dimension religieuse.*

La dimension affective subvertit la démarche rationnelle dans ce mouvement anticipateur qui lui est constitutif, pour assurer une *certitude* qui peut seule compenser les moments difficiles de la vie militante. *Le militant est-il un croyant ?* Autre question : l'homme de science est-il un croyant ? Si « croire », cela consiste à créditer le mouvement du « réel » d'un certain déterminisme, ce « croire » - là se situe dans la frange d'incertitude existentielle que l'expérience individuelle ou la pratique sociale permet de dépasser. Si « croire » c'est anticiper, se représenter déjà le terme du voyage, c'est le mouvement du désir qui prévaut, et la croyance est tirée du côté de la foi. Le militant ne serait-il pas un être mixte, un peu homme de science, un peu homme de foi, selon un mélange instable qui produit l'infinie diversité des comportements individuels ?

C'est l'oscillation, permanente, entre le « croire » du crédit scientifique et le « croire » de l'accomplissement de désir, oscillation constitutive de la *psychologie du militant,* qui explique la *force* des mouvements affectifs impliqués dans l'engagement politique. Si l'existence d'un parti politique obéit à des nécessités historiques objectives indépendantes de la volonté ou du désir des individus, si le *moment* de « l'adhésion » est souvent conditionné par la conjoncture politique, il obéit aussi à des nécessités intérieures affectives qui s'expriment (et s'occultent) par des rationalisations idéologiques : la « justice sociale », la « paix », la « révolution », etc. La conjoncture politique *actualise* le « moment » psychologique, c'est-à-dire le mouvement d'évolution intérieure qui va conduire à l'adhésion. Il en est (souvent) de l'adhésion politique comme des rencontres amoureuses : ce sont des périodes de grande disponibilité, de grande souplesse psychologique, des périodes « critiques », ou l'esprit » et le cœur sont ouverts pour de nouvelles expériences. Ainsi, la jeunesse a-t-elle ce privilège inouï d'être ouverte à l'amour comme aux grandes causes. La période « critique », période d'aiguisement des conflits intérieurs, pousse le sujet à s'inverstir dans des situations affectives propices à la sédation des tensions internes.

« L'Idéal-du-Moi » est au cœur des conflits intrapsychiques. Il constitue le *projet d'être* du sujet, par rapport auquel se réfèrent les ambitions de la personne (le « moi ») ou les reproches de l'instance critique (le « sur-moi »). L'engagement dans un grand projet collectif opère cette réconciliation du sujet avec lui-même. Les bénéfices narcissiques sont immenses.

La période militante est une période d'exaltation et de reconquête de *l'estime de soi.* Quand, pour des raisons diverses : désaccords politiques, déceptions liées aux difficultés inhérentes à l'action politique, se produit un désinvestissement des intérêts militants, un malaise psychique s'installe qui s'apparente à un *deuil.*

Le malentendu constitutif de l'action politique tient à la discordance entre le *temps individuel,* qui est de l'ordre de la durée psychologique, et le *temps politique,* qui est de l'ordre de la durée historique. Accepter que la Terre tourne, sans la *voir* tourner, est une prise de conscience qui ne se fait pas sans douleur. Ainsi peut s'installer une sorte de *dépit amoureux,* qui impute à l'organisation (le « Parti ») des vicissitudes qui sont liées au mouvement de l'histoire, dont la maîtrise échappe, parce que les événements arrivent toujours là ou on ne les attend pas. Le « Parti », en tant qu'*institution imaginaire,* se supporte d'être une représentation d'images parentales, selon l'investissement affectif du sujet, qui se comporte, dans son attitude militante, selon l'imaginaire dont il soutient son activité politique : sectaire, si le « Parti » est un « père » exigeant, tolérant, s'il est un « père » bienveillant, régressif et assisté, si le « Parti » est une « mère » protectrice.

La haine anticommuniste chronique de certains anciens militants (les « ex » comme on dit) se comprend à partir d'un processus d'expulsion hors du psychisme du « mauvais objet », par une sorte de processus inverse de celui de l'introjection mélancolique. Le sujet se hait lui-même par cette haine de « l'objet », maintenant ainsi avec ce dernier des liens quasiment indestructibles.

Cette haine est le corollaire nécessaire du fanatisme militant, qui perçoit tout adversaire politique comme un persécuteur potentiel. Il n'y a pas de vie militante sans la passion et ses tourments. Que l'objet soit un « idéal » (une grande idée, un grand projet), ou un être humain, les vicissitudes affectives en sont les mêmes. La *culpabilité, l'angoisse,* qui sont les affects majeurs de l'existence humaine ont des ressources illimitées : l'amour, un « grand dessein », peuvent parfois, pour un temps, les apprivoiser et les tenir à distance.

Là où se meut l'affectivité, l'hypnose peut nous enseigner : par son caractère énigmatique même, elle nous montre déjà l'insondable du cœur humain. Elle nous montre surtout la fragilité des phénomènes de conscience, l'instabilité de la vigilance, la *tendance régressive* qui œuvre sourdement et mine le psychisme. (La « pulsion de mort » ?) Elle enseigne que pour un « oui » ou pour un « non », l'être humain est prêt à tous les abandons, pourvu qu'on lui promette de régler son compte à l'angoisse.

Que ce soit dans l'amour, la thérapie, l'engagement politique, sourd insidieusement la nostalgie du *couple originel,* l'état de fusion narcissique avec la mère. Selon Winnicott, l'être humain est un « fou » guéri, dont les cicatrices ne demandent qu'à s'ouvrir. Le nourrisson abandonné au désordre de ses pulsions est ce « fou » éternel dont l'élevage et l'éducation ont difficilement maîtrisé les demandes insatiables.

C'est à ce niveau que réside la *fonction réparatrice* du couple amoureux, ou de ce couple insolite constitué par le patient et son thérapeute, ou de cet autre couple, imaginaire, produit par le militant et son organisation.

Freud, dans *Psychologie collective et analyse du moi »*, fait un parallèle entre *l'état amoureux, la situation hypnotique* et la *foule et son « meneur »*. Le dénominateur commun de ces trois situations est le suivant : dans chaque cas, *le sujet a mis l'objet au lieu et place de son Idéal-du-Moi*. Le sujet se déprend de son propre projet d'être pour intérioriser celui d'autrui. L'accent est mis ainsi sur l'abandon de liberté au bénéfice du partenaire : c'est ce qu'on appelle *l'aliénation*. Le processus d'aliénation consiste, en quelque sorte, à se faire librement l'esclave de celui à qui on impute le pouvoir de devenir son maître. L'hypnose pousse jusqu'à ses dernières extrémités ce paradoxe existentiel. Ce que Freud traduit en ces termes : « La relation hypnotique est un abandon amoureux illimité, la satisfaction sexuelle étant exclue... » Il parle « du rapport d'un être surpuissant à un être sans puissance ». *Mais n'est-ce pas le désir de l'hypnotisé qui fait l'hypnotiseur ?* Curieux renversement de perspective ! C'est la dialectique du maître et de l'esclave, mise en lumière par Hegel.

L'hypnose dérange le psychothérapeute, elle interroge la psychanalyse, intrigue celui qui se trouve engagé dans l'action politique. Elle fournit la preuve expérimentale de la capacité illimitée d'assujettissement de l'être humain.

Pour le meilleur et pour le pire.

CINQUIÈME PARTIE

Servir deux maîtres à la fois

Pratique analytique — action militante

L'imaginaire du discours politique

Psychanalyse du militantisme ?

Vers une théorie matérialiste de l'inconscient ?

L'intellectuel et l'engagement politique

Pratique analytique, action militante

Peut-on, à la fois, être psychanalyste et communiste ? Cette question n'a apparemment aucun sens puisqu'il existe des psychanalystes appartenant au Parti communiste, ou se réclamant ouvertement du marxisme. Cependant, étant donné l'obligation de réserve qui incombe au psychanalyste, lequel doit rester « neutre », pour n'influencer en aucune manière son patient, on voit qu'une telle question est moins incongrue qu'il n'y paraît.

Le psychanalyste doit rester « neutre ». C'est un personnage anonyme, discret, qui doit jouer le rôle de support des projections du patient, qui doit favoriser l'émergence de sa « réalité psychique », désirs et fantasmes inconscients, de telle sorte que la réalité extérieure, objective, puisse s'effacer au maximum. Sinon, on entre dans des difficultés techniques parfois inextricables. Par exemple, si un psychanalyste noir entreprend l'analyse d'un patient raciste, qui dira la part « d'objectivité » qui peut parasiter l'agressivité transférentielle de ce patient ? Si un psychanalyste communiste entreprend l'analyse d'un patient « réactionnaire », comment fera-t-il pour contrôler suffisamment son « contre-transfert » pour ne pas infliger à son patient des frustrations inutiles.

On pourrait multiplier ces exemples à l'infini pour montrer que ce genre de question n'est pas futile, surtout à une époque où la politique est de plus en plus présente dans tous les lieux de la vie. Le cabinet du psychanalyste ne peut plus être (malheureusement ?) un lieu aseptique où les bruits et les fureurs du monde extérieur n'entreraient qu'à doses homéopathiques. Même le psychanalyste le plus « orthodoxe », le plus confit dans sa « neutralité bienveillante », a du mal à échapper à tous ces mouvements du monde contemporain. Cependant le psychanalyste doit s'efforcer de rester « neutre » et d'éliminer au maximum tous signes de la « réalité extérieure ». Il est évident qu'une telle situation n'est jamais réussie, sinon de façon asymptotique. Il est donc difficile d'annuler « la réalité extérieure ». Elle transparaît dans le « cabinet » du psychanalyste, son ameublement, ses livres, etc. Son anonymat est toujours plus ou moins trahi. Aussi la neutralité est-elle avant tout absence de jugement, non ingérence dans les idéaux et les valeurs du patient. Le psychanalyste n'a pas à proposer, encore moins à imposer de philosophie de la vie, il doit, au contraire, permettre au patient de découvrir ses « vrais » désirs et de se créer lui-même ses propres idéaux et ses valeurs personnelles.

De ce point de vue, on se rend compte que l'appartenance politique du psychanalyste n'est pas sans entacher sa « neutralité ». A lui de se débrouiller avec tous les problèmes « techniques » qui se présentent, pourrait-on dire. De même que le présumé « raciste » qui choisit un analyste noir ne fait pas un choix complètement innocent, le patient qui « s'intéresse » aux options politiques ou philosophiques de son analyste n'en reste pas au simple niveau de la « réalité » des problèmes idéologiques. De toute façon, plus la conjoncture politique est aiguë, plus la neutralité risque d'être mise à mal. Ainsi, au Portugal, au moment de la « Révolution des œillets », des psychanalystes ont eu à prendre des positions politiques *publiques*.

Il en a été de même lors des événements de mai-juin 1968 en France, où des psychanalystes ont signé des pétitions publiées dans les journaux.

Le pari de la « neutralité » est donc difficile à tenir. Aussi, fort de toute cette argumentation, nous pensons qu'il n'y a rien d'illégitime à être à la fois psychanalyste et communiste. Mais cela ne va pas sans problèmes, et ils sont intéressants à aborder, à plus d'un titre. Il y a en quelque sorte une *double problématique* à examiner : celle qui concerne le fait d'être psychanalyste, ce qui ne va pas de soi ; et celle qui concerne le fait d'avoir une activité militante communiste, ce qui va encore moins de soi.

En effet, n'est-ce pas un étrange métier que celui qui consiste, à écouter, assis dans un fauteuil, un patient allongé devant soi sur un divan, et qui dit « tout ce qui lui passe par la tête » (selon l'expression consacrée). On se trouve dans une situation diamétralement opposée à celle de l'action militante, faite également d'écoute, certes, mais qui vise surtout à convaincre un ou plusieurs interlocuteurs. Dans un cas, le « savoir » (sur lui-même) vient de l'intérieur du sujet, dans l'autre cas un (certain) « savoir » est appliqué de l'extérieur. L'action militante a donc un caractère *pédagogique,* la pratique analytique est, en quelque sorte, une « antipédagogie ».

On pourrait dire que la pratique médicale traditionnelle, voire même la pratique psychiatrique, sont des pratiques à caractère pédagogique. Le médecin agit par persuasion, en transmettant certains éléments de son « savoir » à son patient. Il agit de façon active et volontariste. L'analyste, au contraire, ne transmet aucun savoir, il ne cherche pas à persuader son patient, il cherche précisément à éliminer tout effet de suggestion par une technique appropriée, il est dans un état d'*écoute passive* (passive à l'endroit du patient, mais active en ce qui concerne ce qui se passe dans sa tête), il intervient de façon *détournée* par le moyen de *l'interprétation.*

Le travail du militant est avant tout un travail de *persuasion.* C'est un travail difficile, parce que le militant agit à « contre-évidence », en dehors du sens commun qui voit « le soleil à cent pas » et non pas la terre tourner, il tient le langage de l'*essence* des événements et non pas celui de l'apparence des phénomènes. Le militant opère une action de *dévoilement,* il cherche à montrer derrière l'évidence solide des apparences une autre vérité, plus profonde, qui est celle des rapports et des luttes de classes. Malgré son langage concret, il se meut dans l'abstraction, il parle « d'atomes » et « d'électrons » à celui ou à ceux qui ne voient que des objets ordinaires. Que la spéculation boursière se substitue aux investissements productifs, ce qui entretient le chômage (par exemple) est une vérité « profonde » qui ne saute pas aux yeux dans l'univers capitaliste où la loi est celle du profit immédiat. L'interlocuteur du militant se meut dans un monde d'apparences, non seulement accrédité et renforcé par la puissance des médias aux mains des classes dominantes, mais parce que le fonctionnement de la société capitaliste ne se montre pas à l'œil nu, il faut en démasquer les rouages par une analyse spécifique. Le militant montre les rouages à l'œuvre. Dans des « mots d'ordre » appropriés, il cherche à se placer au plus près de la possibilité de prise de conscience de son interlocuteur — c'est tout le problème de la stratégie et de la tactique politique — mais il se heurte nécessairement aux évidences du sens commun qui imprègnent la vie quotidienne.

Le malentendu tient au fait qu'on accepte volontiers son ignorance par rapport aux phénomènes naturels, alors qu'en ce qui concerne les phénomènes sociaux on prend l'expérience quotidienne pour un certain savoir. Ainsi, on accepte volontiers que la terre tourne, même si on ne le voit pas, alors que la réalité de l'exploitation capitaliste, comme *constitutive* de ce mode de production, n'est accessible qu'à la lumière de l'analyse marxiste. Au temps de Galilée l'idée de la rotation de la terre dérangeait l'Église et ses soutiens ; à notre époque, l'idée de luttes des classes dérange ceux qui sont les bénéficiaires de l'exploitation mais également ceux qui la subissent, parce que la logique de cette découverte implique le combat pour un changement de société, et que la possibilité de ce changement nécessite la *connaissance* des mécanismes de passage d'un mode de production à un autre mode de production (socialiste).

Ce qu'on appelle — péjorativement — la « langue de bois » n'est pas autre chose que le langage de cette « science » du changement de société. Ainsi, le militant dérange-t-il à un double titre : d'une part, il dévoile, derrière l'innocente neutralité des apparences, l'âpreté des affrontements de classes, d'autre part il oblige à penser le *changement* de société comme solution aux contradictions et conflits de la société actuelle.

Paradoxalement, malgré leurs pratiques d'apparence diamétralement opposées, le militant et le psychanalyste ont deux mots importants en commun : « *dévoilement* » et « *changement* ». Pour l'un, il s'agit de « dévoiler » les coulisses de la vie sociale et d'opérer un « changement » au niveau collectif ; pour l'autre, le « dévoilement » s'effectue par la mise au jour du passé agissant dans le présent, et ce mouvement même produit le changement au niveau psychologique et affectif. Ils rencontrent l'un et l'autre, également, dans leur pratique, la « *résistance* » qui s'oppose au changement.

Dans la cure psychanalytique la « résistance » témoigne de l'existence d'une *défense* contre l'angoisse mobilisée par la tentative de surgissement de désirs refoulés. La « résistance » bloque alors le mouvement de la cure. Dans la pratique militante, la « résistance » manifeste la difficulté de prise de conscience ou de mobilisation des « masses » qui, tout en faisant l'expérience de l'exploitation dans leur vie quotidienne n'arrivent pas encore à anticiper une perspective. La *peur* du changement l'emporte alors sur le *désir* de changement. La peur du changement est corrélative de la *nature* du changement.

Or, le militant communiste propose un changement qui s'attaque aux structures profondes de la société. A l'idée d'un ordre naturel et stable des choses du monde capitaliste, il oppose les notions d'antagonismes, de conflits, de contradictions, c'est-à-dire de *mouvement* : le mouvement est au cœur même de l'histoire des sociétés, et le changement de structure sociale en est la conséquence logique. Le militant se veut l'acteur conscient de cette révolution sociale. En quelque sorte, il voit la terre tourner, et il heurte ainsi le conformisme rassurant de celui qui ne voit rien de tout cela puisqu'aussi bien le sens commun lui assure un sol fixe sous ses pieds et le soleil tourner autour de la terre. Le « mouvement de l'histoire » échappe au regard quotidien et il n'est accessible que par une analyse politique particulière. Le militant est le *porte-parole* de cette analyse politique qui, derrière le hasard chaotique des événements, désigne une nécessité à l'œuvre. C'est ce qui fait sa « certitude », mais crée également un malentendu avec ses interlocuteurs qui vivent l'événement dans son immédiateté prosaïque. On peut dire que « l'événement » est parfois déformé par les médias : en réalité, il n'est pas tant déformé que *construit* selon les schémas du conformisme, c'est-à-dire des intérêts de la classe dominante, qui érige ainsi ses propres intérêts en nécessité du sens commun. Le militant, à partir de sa *position de classe*, dénonce cette imposture, et en éclaire les mécanismes.

Le militant est ainsi l'expression vivante des antagonismes de classes. Il prend acte des contradictions constitutives de la société capitaliste afin de les conduire à leur terme. Il réalise en quelque sorte la dialectique en acte en s'emparant des déterminations de l'histoire pour les contraindre à déployer leurs propres finalités.

En tant qu'acteur principal des antagonismes sociaux, le militant est un « fauteur de troubles », il aiguise les contradictions, il heurte la tendance à l'apaisement qui est au cœur de chaque individu. L'être humain est, constitutivement, en proie à des conflits dont l'équilibre instable réussit plus ou moins à réaliser son unité intérieure. Cette unité intérieure est fragile, et chaque être la défend du mieux qu'il peut. Le militant, en montrant noir sur blanc les contradictions sociales à l'œuvre, dérange cet équilibre précaire. La « résistance » au changement est d'abord « résistance » au changement intérieur. Ce qui apparaît comme un danger extérieur se transforme en danger intérieur.

Cependant, avant d'aller plus loin, une question importante se pose. Peut-on transposer au niveau des millions d'individus qui constituent les « masses » les enseignements de la cure psychanalytique ? N'y a-t-il pas changement de niveau et changement d'intérêts ? Certes. Il y a changement qualitatif et les intérêts socio-économiques et idéologiques se substituent aux intérêts affectifs. Mais si les « masses » suivaient toujours leurs intérêts socio-économiqes, on ne comprendrait pas certaines fluctuations politiques. Dans les périodes de crise, certaines circonstances, le chômage et la crainte de la perte de l'emploi notamment, c'est-à-dire des causes *externes,* sociales et économiques, désagrègent les groupes, disloquent les solidarités, et font resurgir les tendances *régressives individuelles.*

Il y a ainsi un certain repli frileux sur l'individualisme, ou certaines formes de désocialisation, voire de marginalisation. L'acuité de la crise brise l'esprit collectif au profit des valeurs individuelles, le groupe ne fonctionne plus comme une entité sociale, mais comme autant d'unités psychologiques, il devient comme l'addition d'autant de malheurs individuels. Face à cet individualisme de la souffrance, qui rend plus prégnante la quotidienneté, le discours du militant paraît abstrait et discordant. Il dit « luttez » à ceux qui ont déjà baissé les bras, il dit « prenez-vous en charge » à ceux qui s'enfoncent dans la régression morale, il montre l'horizon à ceux qui n'ont le nez qu'au ras du sol de leur misère. Le Parti communiste prend profondément au sérieux cette idée marxiste selon laquelle ce sont les « masses » qui font l'histoire. Il les incite à l'action par une pédagogie persévérante et passionnée qui n'a pas toujours les résultats qu'elle mérite. Cela tient au fait qu'elle énonce le discours du *rationnel* sans se soucier de ses effets *d'imaginaire.*

Contrairement à la propagande bourgeoise (et réformiste) qui *fonde tout sur l'imaginaire* (en faisant appel par exemple à la « science » des « conseillers en communication »), la propagande communiste est nécessairement pédagogique parce qu'il lui faut expliquer aux « masses » les causes et les mécanismes de leur exploitation et comment en sortir. La propagande bourgeoise n'a rien à apprendre, rien à faire comprendre, rien à expliquer : il lui faut au contraire *occulter* le fait de l'exploitation et le constituer en fait *naturel*.

L'imaginaire du discours politique

Cependant, tout discours politique est porteur d'imaginaire. Non seulement l'imaginaire concerté, préfabriqué, du discours bourgeois, qui vise à la mystification afin de masquer l'oppression de classes, mais du fait même de la nature de la politique qui, en tant que « gestion de la cité » véhicule tous les fantasmes relatifs à l'argent, au pouvoir, à la domination. C'est pourquoi toutes les « discussions politiques », comme on les appelle, sont le plus souvent passionnées et passionnelles : elles engagent des intérêts matériels et idéologiques, mais derrière le contenu « intellectuel » de la discussion se profilent les intérêts affectifs profonds des protagonistes. Le discours communiste n'échappe pas à l'imprégnation par l'imaginaire. Au contraire, par sa constitution même, il réactive tous les thèmes impliqués dans les problématiques de l'argent, du pouvoir et de la domination.

Ainsi, la notion d'imaginaire postule que le discours politique est porteur d'un surplus de significations : l'interlocuteur — singulier ou pluriel — ne l'entend pas de l'oreille que l'on croit, il l'entend selon la *représentation* qu'il se fait de celui qui énonce le discours. De ce point de vue, le discours communiste est fortement *surdéterminé*. En tant que discours ouvertement de « classe », non seulement il subit les déformations préméditées de l'idéologie dominante, mais par son caractère *« révolutionnaire »* il mobilise l'anxiété de celui (ou ceux) pour qui « un tiens vaut mieux que deux tu l'auras ». La résistance au changement met en œuvre toute une *fantasmatique défensive* issue de l'imaginaire suscité par le mouvement communiste. Ce ne sont pas seulement les problèmes et les contradictions des sociétés socialistes existantes qui nourrissent cet imaginaire : l'organisation même du mouvement communiste, en tant qu'elle prend explicitement en charge la « lutte des classes » et qu'elle se dote de structures particulières obéissant à cette finalité, donne le sentiment d'un effacement de l'individu au bénéfice de la collectivité.

Le problème des libertés démocratiques et individuelles, qui est au centre de la crise des pays socialistes devient aigu dans un pays comme la France, où plusieurs révolutions bourgeoises et des luttes de classes acharnées ont permis un développement de ces libertés dites « formelles » qui ont façonné une forme d'individualité sociale désormais irréversible. Le « socialisme aux couleurs de la France » reste encore à inventer, et la stratégie autogestionnaire n'en apporte que les prémisses. Le militant révolutionnaire se meut dans cette anticipation. Il vit l'utopie au quotidien parce que les luttes au jour le jour lui tracent une perspective et une espérance. Il vit l'avenir au présent, tandis que son interlocuteur le prend, au mieux, comme un *pari*.

C'est la portée anticipatrice du projet révolutionnaire qui laisse place à toute la fantasmatique anticommuniste. L'anticommunisme a des racines « de classes », comme on dit, mais il se nourrit, non seulement des difficultés des expériences socialistes — difficultés à propos desquelles la propagande bourgeoise fait grand tapage en passant sous silence les réalisations positives —, mais également de *l'imaginaire* suscité par la dimension anticipatrice du projet communiste qui débouche sur l'alternative suivante : soit le chèque en blanc de l'utopie, soit des expériences sociales gigantesques qui en sont encore à leurs balbutiements. De ce fait, la propagande bourgeoise n'a aucune difficulté à laisser s'entretenir le *fantasme du « collectivisme »* dans un pays où l'histoire a fait se développer une grande diversité de formes de *propriétés individuelles,* à partir d'un discours perfide et abstrait sur la *« liberté »,* qui en occulte les conditions concrètes et réelles d'exercice.

En effet, la liberté est à la fois *objective* et *subjective* : elle est objective par rapport à ses *conditions* concrètes d'exercice, elle est subjective par le *vécu* que celles-ci peuvent induire. Ainsi, par exemple, le petit commerçant peut-il se *sentir* libre dans son activité professionnelle, tout en subissant les *contraintes* de la concurrence déloyale et ravageuse des grandes surfaces. Cependant, pour lui, *le vécu subjectif* de sa liberté l'emporte sur les contraintes objectives qu'il subit.

L'imaginaire anticommuniste fonctionne à partir de ce malentendu à propos de la liberté : par là même il méconnaît et occulte les fondements du projet de « socialisme à la française » qui se propose d'intégrer *les acquis démocratiques* pour œuvrer à leur épanouissement. La liberté doit pouvoir se conjuguer dans sa *double dimension* objective et subjective. Le fantasme du « collectivisme » laisse entendre la société socialiste comme une grande caserne, au mieux une grande administration, où chacun porterait sa casquette représentative de la catégorie socioprofessionnelle à laquelle il appartiendrait. Or, contrairement à ces affabulations caricaturales, tout le projet du mouvement ouvrier et communiste de notre pays est de promouvoir le développement de toutes les libertés démocratiques et individuelles issues de la tradition progressiste française. Cependant, le militant doit avoir à l'esprit que son interlocuteur fonctionne avec cet imaginaire préfabriqué aux intérêts de la classe dominante.

C'est pourquoi le militant communiste peut apparaître si facilement comme « sectaire » ou « dogmatique » tant la distance est grande entre sa *conviction* qu'il pense assurée sur des bases « scientifiques » et le point de vue de son interlocuteur qui est un mélange complexe de manipulations médiatiques et d'expérience concrète vécue trop près du quotidien. Or, tout l'art du militantisme consiste à partir de ce « quotidien » pour l'éclairer à la lumière d'une analyse plus générale. Le « sectarisme » consisterait à sauter les multiples médiations qui vont de l'expérience immédiate de l'événement aux éléments théoriques de ses déterminations profondes. Être au plus près du vécu des gens, pour leur en faire comprendre les mécanismes profonds, tel est l'art du militantisme.

Mais le militant a besoin de convaincre, il a donc besoin de *certitudes*. Il peut être pris au piège de son discours en en méconnaissant le niveau d'abstraction. Son engagement militant n'a de sens que par rapport aux certitudes qu'il supporte. L'activité militante n'est pas une simple activité pédagogique qui irait à sens unique en direction des « masses » qu'il s'agit de convaincre. Elle a un effet de rétroaction parce qu'elle donne un *sens à la vie* et par sa *cohérence* liée à l'unité de la théorie et de la pratique elle assure la *cohésion interne* de l'être. L'activité militante est formatrice et transformatrice : elle éduque le pédagogue. Elle constitue un *principe d'unification* si précieux pour l'équilibre psychologique de l'individu. En apparaissant comme pouvant donner la clef des contradictions du monde extérieur, elle tend à apaiser les contradictions du monde intérieur. C'est ce qui fait la force morale du militant, en même temps que sa faiblesse : à trop avoir besoin de certitude et d'unité il peut avoir du mal à comprendre les doutes et les conflits. Le militant, pour mieux assurer son unité intérieure, tend quelquefois à être « d'une seule pièce », comme on dit, et cette force apparente cache en fait une grande fragilité : s'il rencontre trop de conflits sur sa route, il risque de se défaire et, parfois, de tout abandonner. Le « sectarisme » n'est pas seulement un défaut ou un travers politique, il peut parfois être aussi une maladie de l'âme.

Plus un militant a besoin de son activité pour s'assurer son équilibre affectif, plus il risque d'être fragile tant du point de vue psychologique que politique. Le militant, en tant qu'*homme d'action* politique, n'a pas toujours conscience de cet investissement affectif. Il pense sincèrement être au service d'une cause dont les déterminations sont essentiellement sociales et économiques. Pourtant, dans les grands moments de crises, tels que peut en connaître parfois le mouvement communiste, au niveau national ou international, la résonance intérieure des problèmes politiques est extrêmement douloureuse, les contradictions politiques se muent en conflits affectifs et l'engagement politique apparaît alors dans toutes ses dimensions.

Psychanalyse du militantisme ?

C'est l'investissement affectif, constitutif de l'engagement militant, qui interroge le psychanalyste. Mais en dévoilant les déterminations inconscientes qui dictent nos conduites, la psychanalyse ne les disqualifie pas pour autant. Cependant, pour une certaine idéologie psychanalytique, l'engagement politique est suspect. On touche là une des ambiguïtés de la psychanalyse. Paradoxalement, la psychanalyse, qui œuvre au changement individuel, serait, pour certains de ses adeptes, sceptique ou réticente quant à la possibilité de changements au niveau collectif. Le changement individuel viserait essentiellement à *« l'adaptation »* aux normes morales et idéologiques de la société existante. Être en accord avec soi-même consisterait donc à être également en accord avec les valeurs dominantes de la société. Toute « contestation » serait pathologie, tout espoir et action pour une société meilleure serait « maladie de l'idéalité ».

La psychanalyse montre comment l'intériorisation des images parentales aboutit à la formation d'une double instance à laquelle aura à se référer le sujet : l'instance porteuse de *l'autorité,* le « Sur-Moi », l'instance porteuse de *l'idéal,* « l'Idéal-du-Moi ». La *formation des idéaux* est en partie subordonnée à ce processus par lequel le sujet cherche à se proposer une perfection qui peut parfois être très contraignante. Rendre l'ordre social responsable de cette difficulté à atteindre cette « perfection » peut ressortir de la « maladie d'idéalité ». Mais cela n'a rien à voir avec le projet conscient et collectif, fondé sur une démarche rationnelle, d'un changement de société. L'erreur d'une certaine idéologie psychanalytique, c'est de considérer la collectivité comme une addition des individus qui la composent, de « psychologiser » les problèmes sociaux en faisant l'économie de l'existence des classes et de leurs antagonismes. Par ailleurs, un parti politique (le Parti communiste) n'est pas constitué par la somme arithmétique des motivations des individus qui la composent : il est une entité qualitativement différente, qui obéit non pas à des nécessités psychologiques, mais à une nécessité historique. Cependant, la représentation que se fait du Parti le militant peut avoir des conséquences sur sa propre activité : il y a un *imaginaire* de l'activité militante.

En contradiction avec son projet profond, l'idéologie psychanalytique est conservatrice, au mieux réformiste. Elle ne peut pas concevoir la notion de « révolution » parce que, dans sa pratique, le psychanalyste a affaire à la « résistance » et à la « répétition », c'est-à-dire le retour sous d'autres déguisements des mêmes problématiques. La difficulté extrême à opérer parfois des changements au niveau individuel le rend perplexe, sinon pessimiste quant à la possibilité de changements au niveau collectif. La aussi joue la méconnaissance du changement qualitatif opéré par le niveau collectif dont l'essence du mouvement est liée à la dynamique de la lutte des classe.

Le psychanalyste qui pense si bien le *conflit* au niveau individuel devient alors incapable de saisir les *contradictions* constitutives du mouvement de la société. Le psychanalyste vit dans *l'intemporalité* de l'inconscient et de ce fait il a du mal à penser l'Histoire. Le modèle paradigmatique des processus inconscients est le *rêve :* la psychanalyse est ainsi une sorte d'archéologie de la subjectivité où le temps compte moins que les interrelations au sein de la structure.

Dans d'autres cas, c'est l'accent mis sur « l'inertie des instincts » qui disqualifie toute réelle possibilité de changement, tant au niveau individuel qu'au niveau social. Une certaine idéologie psychanalytique est ainsi foncièrement pessimiste, pour ne pas dire réactionnaire. Son statut socioprofessionnel, le plus souvent « libéral », sa pratique du singulier, induisent chez le psychanalyste une idéologie spontanée plutôt conformiste, qui contraste singulièrement avec les implications existentielles d'un projet fondamentalement libérateur. Cependant, le projet libérateur de la psychanalyse reste individuel, subjectif, il permet une plus grande liberté intérieure, une meilleure lucidité dans les différents choix de la vie, mais il n'en est pas pour autant révolutionnaire.

Contrairement à ce qu'affirme une certaine idéologie gauchiste, le plus souvent d'inspiration lacanienne ou freudo-marxiste, la psychanalyse n'est pas une « idéologie du désir ». Elle permet de comprendre comment se constitue le désir, elle permet de comprendre les limites socioculturelles de la « liberté sexuelle » et comment les mieux gérer, mais elle n'inscrit pas à son programme la promotion de l'orgasme comme idéal du bonheur. L'idéologie psychanalytique oscille ainsi entre deux conformismes, l'un de droite, l'autre de gauche, qui ont en commun un anticommunisme frénétique. Le psychanalyste a le souci de la *liberté individuelle* et de ses contraintes intérieures : il est ainsi la proie du fantasme du « collectivisme », comme le premier quidam venu. Son imaginaire politique n'est pas différent de celui d'un autre individu et malgré toute sa lucidité, il reste soit un conformiste frileux, soit, au mieux, un sceptique souriant. Il connaît les ressorts cachés du militantisme, mais faute de penser la politique dans ses termes spécifiques, et par une dénégation forcenée des antagonismes de classes, il se réfugie dans un « psychologisme » réducteur. En d'autres termes il est un citoyen comme un autre, et sa fréquentation quotidienne de l'inconscient ne lui donne pas de perspicacité politique particulière.

Ainsi, le psychanalyste communiste est pris dans une double contradiction : contradiction entre la « neutralité bienveillante » du psychanalyste et le volontarisme pédagogique du militant, contradiction entre le caractère relativiste de la pratique analytique et la nécessité de « certitudes » pour supporter l'activité politique. On dira que pratique analytique et activité militante s'exercent en des lieux différents. C'est vrai. On dira aussi que le psychanalyste doit être suffisamment « analysé » pour être au clair quant aux déterminations profondes qui l'ont conduit aussi bien à devenir analyste qu'à s'engager dans une activité politique. Mais aussi bien « analysé » soit-on, il persiste toujours des zones obscures qui résistent à toute prise rationnelle. (Heureusement). Mais le psychanalyste communiste doit être particulièrement lucide quant aux implications profondes de son double engagement et quant aux éventuelles zones d'incompatibilité. Il doit aussi s'interroger sur le fait de vouloir tenir ensemble deux types d'activités qui chacune prise à part nécessite un investissement total de la personne.

Peut-on surmonter ces contradictions en considérant qu'elles sont issues d'une certaine conception de la psychanalyse et qu'un autre regard théorique peut permettre de lever les impasses. C'est un problème important. L'œuvre de Freud est complexe, parfois contradictoire, elle procède souvent par moments théoriques décisifs, de telle sorte qu'elle peut donner lieu à diverses interprétations.

Vers une théorie matérialiste de l'inconscient ?

Cependant, elle possède une *logique interne* qui lui donne son unité et sa cohérence. Il ne s'agit pas de se confectionner un Freud à géométrie variable pour le rendre accueillant à toutes les oreilles.

Le marxisme doit s'enrichir de chaque nouvelle découverte, disait Engels. Le marxisme implique donc une méthodologie ouverte, et non pas une vérité révélée. Quelle est cette découverte apportée par la psychanalyse : c'est *l'inconscient*. Quelle est la *nature* de l'inconscient : telle est la question fondamentale. Pour l'aborder, il faut revenir au problème de l'hominisation.

Pour Freud, l'hominisation est l'effet de la « *répression des instincts* ». La sexualité et l'agressivité sont « réprimées » pour rendre la vie sociale possible. Pour le marxisme, l'hominisation est le produit d'un processus complexe où le *travail* et le *langage* se trouvent impliqués, comme les travaux d'A. Leroi-Gourhan ont pu le confirmer. Ces schémas supportent en quelque sorte deux anthropologies d'apparences opposées. En fait, il s'agit de niveaux différents. Le problème est celui du rapport entre *production* pour la vie et *reproduction* de la vie. Empiriquement, ils sont dans un rapport de subordination réciproque.

Mais en mettant l'accent sur le primat de la production, le marxisme privilégie le rapport de *transformation de la nature.* La reproduction de la vie est assurée au sein de la *structure de parenté* qui règle les rapports entre les sexes. La régulation du rapport entre les sexes introduit les limites constitutives de la sexualité humaine. Mais celle-ci se déploie dans l'univers subjectif, dans ses diverses dimensions : désirs, fantasmes, imaginaire (individuel et collectif). De ce fait, *l'inconscient est sexuel :* il est constitué par les remaniements subis par la sexualité biologique dans le cadre de la structure de parenté (ce que Freud appelle, dans un vocabulaire désuet et pré-anthropologique, la « répression des instincts »).

L'inconscient est ainsi constitué de *représentants pulsionnels,* promus comme *signifiants,* dès lors que la pulsion entre en connexion avec un élément privilégié de l'environnement néo-natal ou infantile. L'inconscient s'organise en configurations jouant le rôle *d'opérateurs psychiques :* ce sont les *fantasmes originaires* (fantasmes de séduction, de castration, scène primitive, « complexe d'Œdipe », etc.). Ces fantasmes peuvent apparaître dans les rêves, dans certaines expressions artistiques, ou sous-tendre le discours du patient, etc. Ils témoignent du fait que l'inconscient n'est pas un magma informe de représentations, mais qu'il est structuré selon une certaine intentionnalité reflétant la préhistoire infantile du sujet, notamment les moments clefs de la sexualité infantile. L'inconscient est donc structuré selon une certaine organisation productrice de *sens* référé à la préhistoire infantile. C'est ce que l'expression « structuré comme un langage » (J. Lacan) cherche à mettre en relief.

Mais l'allusion au langage crée un malentendu qui incline la psychanalyse à chercher une solution à ses difficultés théoriques du côté de la linguistique et non pas dans sa propre épistémologie. Le langage est certes plus « social » que la pulsion, dont la connotation biologique fait mauvais effet, c'est ce qui explique un certain engouement dans les milieux communistes ou marxistes pour les théories lacaniennes. Cependant, à trop vouloir « socialiser » la sexualité on finit par lui enlever sa spécificité et son *enracinement corporel* sans lequel il n'y a pas de sexualité du tout.

Il n'y a pas de psychanalyse « marxiste », encore moins de « position de parti » en matière de psychanalyse. Il existe peut-être, à la rigueur, un « point de vue » marxiste sur la psychanalyse, c'est-à-dire une *recherche matérialiste,* difficile, multiforme, à l'intérieur de laquelle un courant d'inspiration lacanienne cherche sa place, sans pouvoir prétendre pour autant à un privilège. C'est le *pluralisme* dans la recherche qui est le meilleur garant de la démarche scientifique. Le marxisme doit faire la preuve de sa fécondité heuristique et non pas apparaître comme un censeur délivrant des brevets de scientificité.

La psychanalyse, comme beaucoup de sciences humaines, est l'enjeu d'une bataille idéologique importante. La multiplicité des « écoles » n'est pas seulement le fait de sa fragilité épistémologique, mais elle est également liée à ces incidences idéologiques. Le rapport « *théorie-pratique* » en psychanalyse est très complexe. Il existe une théorie de la technique, chargée de baliser la démarche thérapeutique, assortie d'une théorie de la clinique. Le rapport entre ces théories « régionales » et la théorie générale est très indirect. La théorie générale s'exprime surtout au niveau de ce qu'on appelle la « psychanalyse appliquée », c'est-à-dire la psychanalyse dans le champ de l'anthropologie.

Une démarche matérialiste est très difficile dans le domaine de la psychanalyse, parce qu'il s'agit d'une *science empirique* qui compense sa faiblesse épistémologique par une grande profusion spéculative. En effet, la pratique analytique est, pour une grande part, faite d'expérience et d'intuition, de telle sorte que la tentation est grande pour le psychanalyste, et aussi la nécessité, de mettre en « théorie » sa pratique, pour y voir plus clair et, éventuellement, pour ne pas perdre la tête. On n'est pas impunément en commerce quotidien avec l'inconscient d'autrui sans en subir quelques effets. D'où le caractère « défensif » de la théorisation psychanalytique, défense contre l'angoisse mobilisée par les affects, positifs et négatifs, projetés par le patient sur l'analyste tout au long d'une cure. D'où l'inflation des écrits psychanalytiques, avec une grande débauche notionnelle telle que presque chaque psychanalyste invente son petit arsenal conceptuel, comme s'il voulait passer à la postérité.

Les fils de Freud ne peuvent se débarrasser de leur illustre ancêtre qu'à la condition de devenir, à leur tour, leur propre père. Mais la théorisation psychanalytique n'obéit pas qu'à des déterminations psychologiques. Elle a aussi ses propres nécessités internes, comme toutes les autres sciences. S'il est difficile de dire ce que peut être une démarche matérialiste, en revanche, on peut déjà affirmer ce qu'elle n'est pas : un matérialisme biologique des instincts puisque, aussi bien, la psychanalyse s'est constituée, en quelque sorte, comme *théorie de la dénaturation de l'instinct*.

Ce que Freud appelle parfois le « renoncement aux instincts » est précisément ce processus complexe par lequel la sexualité subit ces mutations que nous avons examinées. Ces mutations laissent des *« traces » actives* qui se traduisent dans les diverses manifestations cliniques et culturelles dont la psychanalyse doit rendre compte. Le problème théorique central est celui du *statut* de ces « traces » actives. Ce problème passe nécessairement par l'examen du *concept de pulsion*.

L'univers humain est un univers de signifiance et de communication. Non seulement le langage, mais également tout geste, attitude, mimique, sont porteurs de significations qui, pour une grande part, échappent au nourrisson et au petit enfant. L'enfant les « interprète » (si l'on peut dire) en fonction de ses propres besoins et des excitations qu'il subit du fait des manœuvres et manipulations effectuées par la mère dans le cadre des nécessités de l'autoconservation, mais aussi bien du fait de ses propres intentions et désirs. Ainsi se constitue *l'étayage* de la pulsion sur la fonction, selon un double mouvement de dérivation métonymique et métaphorique : l'objet passant du lait au sein, et le but de l'alimentation à l'incorporation (dans l'exemple princeps de la pulsion orale telle que J. Laplanche le développe). Il faut donc faire état d'une *séduction originaire,* qui est au principe d'un *refoulement originaire* à partir duquel se constituent les éléments de base de l'inconscient. La notion de « séduction originaire » (J. Laplanche) met l'accent sur l'impact des manœuvres de la mère comme constitutives de *l'éveil pulsionnel* par l'intériorisation des excitations ainsi produites. La pulsion est donc une *excitation latente,* liée à des signifiants issus de la situation intersubjective nouée entre la mère et l'enfant.

La notion de « séduction originaire » montre comment les gestes autoconservatifs de l'adulte sont porteurs de messages sexuels inconscients pour lui et immaîtrisables pour l'enfant : celui-ci les intériorise, notamment par l'intermédiaire de l'excitation des zones dites érogènes, ils deviennent ainsi des *représentations refoulées* qui exercent une stimulation constante qui n'est pas autre chose que celle de la *pulsion.*

Ainsi, la pulsion perd son caractère biologique et endogène pour participer d'une *dialectique intersubjective* mère-enfant qui montre comment l'excitation externe s'intériorise pour devenir stimulation interne par l'intermédiaire de lieux privilégiés du corps.

Si la pulsion est une excitation externe intériorisée et mise en latence, le *désir* est la prise de relais de cette latence par une chaîne signifiante qui s'organise en scénario (« j'ai faim de toi », telle pourraît être, par exemple, la mise en désir de la pulsion orale). Le scénario imaginaire qui sous-tend le désir est le *fantasme.* Ainsi, désir et fantasme sont constitutifs l'un de l'autre, ils sont comme les deux faces d'une même médaille.

Le désir est entièrement fait d'étoffe subjective et c'est le langage qui lui donne son organisation. Le langage réorganise, *après-coup,* les « traces » pulsionnelles pour leur donner *sens.* Une telle conception met l'accent sur l'effet structurant de l'environnement néo-natal et infantile : la mère répond au potentiel performatif de l'enfant par ses soins et par ses désirs conscients et inconscients. L'enfant existe pour elle à la fois dans sa réalité et dans ses aspects fantasmatiques. C'est dans cette situation interactive que se constitue un *inconscient primordial* que d'autres expériences de plaisr vont remanier et enrichir. L'inconscient n'est donc pas un sac d'instincts ou un équivalent de langage, mais un *processus dynamique* où interviennent de nombreuses interactions.

Notre démarche obéit à une double série de données : d'une part, privilégier « l'extérieur » sur « l'intérieur », « l'environnement » sur « l'endogène » ; d'autre part, souligner les remaniements que subit « l'extérieur » intériorisé, sous l'influence de la dynamique de l'endogène et, réciproquement, les remaniements que subit « l'endogène » du fait de l'impact de « l'extérieur ».

Il y a donc un double *mouvement* de transformations, lié à la temporalité de la préhistoire infantile et à la dialectique de *l'après-coup*. Le caractère *matérialiste* de cette démarche consiste, à notre sens, dans le privilège accordé à « l'environnement » sur « l'endogène ». L'excitation n'est excitation que parce qu'elle rencontre une tension interne d'origine biologique, certes, mais elle est doublement conditionnée de l'extérieur : d'une part, parce qu'elle provient des manœuvres de « séduction », d'autre part, parce qu'elle est maintenue en latence par son accrochage à des signifiants issus de l'environnement. La sexualité (infantile) est ainsi issue d'une sorte de « métabolisation » des désirs de l'adulte, corrélative des possibilités de maîtrise et de symbolisation de l'enfant.

La psychanalyse se développe donc selon un double mouvement : d'abord, la genèse de la sexualité infantile, puis les effets à distance de celle-ci sur le devenir-adulte de l'être humain, dans ses comportements normaux ou pathologiques. La psychanalyse est en conséquence *à la fois* archéologie et histoire.

L'intellectuel et l'engagement politique

Servir deux maîtres à la fois. Pratique analytique et activité militante peuvent-elles s'enrichir mutuellement ? L'activité militante réalise, en quelque sorte, une espèce d'expérience « sociologique » : le militant doit être au plus près du milieu socioprofessionnel dans lequel il évolue pour ajuster au mieux ses « mots d'ordre ». Cependant, cette connaissance « sociologique » a peu d'intérêt pour l'analyste. L'inconscient d'un conducteur du métro fonctionne de la même manière que celui d'un professeur de faculté : le contenu de l'imaginaire est différent, pas son agencement. Le problème est de savoir s'il est possible de substituer à une pédagogie directive une sorte « d'analyse des résistances » qui rendrait l'interlocuteur plus perméable au discours du militant. En d'autres termes, l'expérience analytique peut-elle permettre « d'affiner » la pratique militante ?

L'expérience analytique montre que toute conduite humaine est sous-tendue par des intérêts affectifs puissants. L'activité militante n'échappe pas à cette règle. Un tel investissement en temps et en énergie ne se conçoit pas uniquement pour satisfaire une éventuelle « loi de correspondance nécessaire entre forces productives et rapports de production ». La « certitude » qui habite le militant est davantage liée à une nécessité interne qu'à la rationalité de sa démarche. La politique est comme une science empirique, comportant sa part d'approximations et de hasards. La maîtrise de l'événement est un leurre, et « l'analyse politique » consiste précisément à déceler cette part d'irrationnel pour pouvoir mieux la cerner.

Le militant doit assumer une certaine marge d'incertitudes, source d'insécurité, mais également porteuse de créativité et d'imagination. Cependant, le militant est formé à la pédagogie directive du fait même du mode de fonctionnement du Parti communiste. Celui-ci est comme une sorte d'institution « verticale » où chaque instance supérieure joue le rôle de « pédagogue » de l'instance sous-jacente, le Parti lui-même fonctionnant comme « pédagogue » de la « classe ouvrière », et cette dernière, en tant que classe d'« avant-garde », comme « pédagogue » des « masses populaires ». Cette pédagogie « verticale » est liée aux origines et à la nature du parti révolutionnaire dont la vocation est de mobiliser les « masses » afin de leur donner le niveau de conscience politique nécessaire pour lutter efficacement contre leur oppression. Contrairement aux partis réformistes qui ne mettent aucunement en cause les structures profondes de la société capitaliste et qui se « penchent » sur le peuple avec des intentions philanthropiques haussées au niveau de programme politique, le parti révolutionnaire se veut comme la *conscience active* des « masses » qui éclaire, guide et anime leur action. De ce point de vue, le Parti communiste est fondamentalement démocratique puisqu'il est le seul parti politique qui fonde son activité sur *l'action permanente* des « masses », et non pas sur leur intervention intermittente et ponctuelle au moment d'une élection.

Cette *fonction pédagogique* est donc une nécessité de la lutte des classes, puisque aussi bien le parti révolutionnaire n'aura jamais à sa disposition, en quelque sorte par définition et par essence, les médias qui sont aux mains des classes dominantes, et il ne peut compter que sur l'activité de ses militants. Le militant est l'activateur politique, l'opérateur de la mobilisation des « masses », en leur donnant la conscience de leurs intérêts et des moyens de parvenir à leur éventuelle satisfaction. Alors que la plupart des partis politiques se fondent sur la *passivité* des « masses », voire même leur manipulation, le Parti communiste met au principe de sa politique *l'activité* des « masses » en tant qu'elles sont les rouages privilégiés du « mouvement de l'histoire ».

Cependant cette pédagogie directive a des limites. Non seulement elle se heurte parfois à la « résistance » des « masses », et, éventuellement, risque de la renforcer, mais au sein même de l'organisation elle tend à amoindrir la participation de la « base » à l'élaboration collective de la politique. Ce qu'on appelle le « centralisme démocratique » doit évoluer vers plus de dialectique, pour que le mouvement de « haut vers le bas » puisse s'enrichir d'un mouvement réciproque de « bas vers le haut ». Ce sont les modalités de cet échange complexe qui sont difficiles à définir. En effet, la mise en œuvre de la stratégie et de la tactique politique nécessite une connaissance générale et globale de la situation. En même temps, cette mise en œuvre, dans les *faits,* doit se traduire par une multitude d'initiatives diversifiées, spécifiques aux différentes situations particulières rencontrées qui, chacune pour leur part, sont sources d'informations nouvelles. Le militant doit se sentir à l'aise dans la prise d'initiatives et le Parti ne doit pas, dans sa tête, fonctionner comme « Sur-Moi » à qui il aurait des comptes à rendre. Or, la pédagogie directive tend à déresponsabiliser par son caractère rassurant de vérité tombée du ciel, et elle émousse la volonté de prise de risque.

Le psychanalyste, quand il s'interroge sur la politique, le fait nécessairement en termes « psychologiques ». Sans doute risque-t-il de manquer le *niveau* spécifique du champ de la politique. Cependant, le militant, dans son activité quotidienne, quand il fait du « porte à porte » par exemple, ou qu'il distribue des tracts, s'adresse, comme individu, à des individus. Il doit donc être « psychologue », à sa manière. Il n'est pas le porte-voix abstrait d'une parole figée. Il cherche à convaincre son interlocuteur en tenant un discours « *mixte* », politique dans son contenu et psychologique par sa forme, afin de le moduler selon la « mentalité » de celui-ci.

Le modelage du discours politique selon les couches socioprofessionnelles auxquelles on s'adresse n'est pas seulement lié au contenu économique de leurs intérêts, mais également en fonction de leur individualité sociale, c'est-à-dire qu'il implique nécessairement une dimension « psychologique » sans laquelle ce discours aurait une portée très limitée. Chaque couche sociale se fait une *représentation* de son rapport à la réalité : c'est au niveau de cet *imaginaire* que se constituent, éventuellement, les « résistances » et que fonctionne, pour une grande part, le discours politique. Le discours politique doit donc tenir compte, non seulement de ses « effets » d'imaginaire spécifiques, mais également de l'imaginaire constitutif du mode de pensée de l'interlocuteur auquel il s'adresse.

« Affiner » la pratique militante à la lumière de la psychanalyse est une entreprise légitime, intéressante, mais difficile. L'expérience concrète, l'histoire du mouvement ouvrier, les diverses péripéties traversées par celui-ci, sont une source irremplaçable à partir de laquelle on peut élaborer une politique et sa mise en œuvre. C'est en quelque sorte le matériel de base. Mais à une époque de domination impérialiste des médias, notamment de la télévision, d'une personnalisation à outrance du débat politique, il n'est pas inutile d'interroger l'*image* et la *représentation* que donnent d'eux-mêmes le Parti communiste et ses militants. C'est à ce niveau qu'intervient la psychanalyse. La psychanalyse intervient également pour permettre au militant de se définir par rapport à l'image qu'il a lui-même du « Parti », et qui détermine son *style* dans l'activité militante. Cette image du « Parti » conditionne également son mode d'engagement politique et les nécessités affectives auxquelles il obéit.

Le militant se veut être un acteur conscient de l'Histoire. A première vue, il s'agit là d'une prétention exorbitante. Les « causes » qui actuellement mobilisent, notamment la jeunesse (pour des raisons complexes qu'il serait intéressant d'élucider), sont moins immédiatement politiques : l'écologie, le racisme, la faim, etc. Elles ont un caractère « généreux », « humanitaire », qui met directement en relief leur dimension affective. L'engagement communiste paraît plus abstrait : « changer la société », « changer la vie », apparaissent des objectifs plus lointains, moins immédiatement accessibles et objectivables, trop globaux, dont le caractère général ne donne pas le sentiment d'une prise directe. Cet engagement se supporte d'une théorie du mouvement des sociétés qui inscrit l'action militante comme constituante de ce mouvement-même.

L'action au jour le jour, c'est déjà « faire l'Histoire », au quotidien. Œuvrer pour une société plus juste, plus fraternelle, plus rationnelle, où la misère des uns ne soit pas la condition nécessaire de la richesse des autres, n'est cependant pas une utopie ni une naïveté. La crise actuelle montre à quel point le régime capitaliste est incapable de faire face à la nouvelle révolution scientifique et technique. Chômage, insécurité, délinquance, marginalisation, tel serait le prix à payer pour la « modernisation de l'appareil de production » comme ils disent. Rester les bras croisés devant l'injustice, devant le cynisme des uns et l'hypocrisie des autres, est chose difficile.

L'intellectuel ne peut pas se contenter de compter les points, de renvoyer dos à dos les adversaires de ces gigantesques antagonismes sociaux, pour s'ériger en donneur de leçons. Il doit prendre parti, c'est une question de morale et d'esprit de responsabilité. A l'heure actuelle, étant donné l'acuité de la crise, les grandes voix solitaires se perdent dans le bruit des luttes de classes. Prendre parti, c'est prendre parti collectivement au sein d'une organisation qui participe au combat quotidien. Est-ce perdre une partie de sa liberté au bénéfice de l'efficacité, ou, au contraire, n'est-ce pas plutôt gagner en liberté que de convertir en action une pensée autrement vouée à la stérilité de la spéculation ?

Il n'est pas suffisant d'avoir les yeux humides en évoquant les usagers des soupes populaires. La misère n'est pas une fatalité inexorable, elle a des causes précises, concrètes : ce qu'on appelle la « crise », ce n'est pas autre chose que la forme aiguë des contradictions de la société capitaliste. Se contenter de larmoyer, c'est, à la limite, être complice. L'intellectuel, tellement soucieux de promouvoir et de défendre les valeurs morales, ne peut pas se satisfaire d'être un moraliste en chambre. L'intellectuel militant cherche à réaliser, dans sa vie, l'unité de la théorie et de la pratique. Ce n'est pas sans contradictions ni problèmes. Mais il considère ces contradictions comme fructueuses, et il préfère ses problèmes aux états d'âme languissants des intellectuels dits « de gauche » qui se contentent de soupirer pour garder bonne conscience.

Le militant, quelles que soient les nécessités subjectives qui sous-tendent sa démarche, aura toujours à son crédit d'avoir tenté, à son niveau, de participer à la mise en rationalité de l'Histoire.

Mars-avril 1986.

Origine des articles

Transfert, amour de transfert ou l'illusion thérapeutique
La Pensée n° 199, juin 1978

Imaginaire collectif, inconscient individuel
La Pensée n° 219, mars-avril 1981

Bibliographie, psychanalyse, folie,
La Pensée n° 228, juillet-août 1982

Georges Politzer et la psychanalyse
Cahiers de l'IRM, février 1982

Contribution à une théorie matérialiste du désir
Revue littéraire yougoslave de Belgrade, 1986
(article rédigé en 1984)

L'hypnose, entre amour et politique
La Pensée n° 240, juillet-août 1984 (Extrait d'un ouvrage collectif *Résurgence de l'hypnose,* éd. Desclée de Brouwer, 1984)

Table des matières

Extraits de notre catalogue
sur les questions
de psychanalyse et de psychologie

Lucien Bonnafé
Dans cette nuit peuplée...

Pierre Bruno, Catherine Clément, Lucien Sève
Pour une critique marxiste de la théorie psychanalytique

Émile Jalley
Wallon, lecteur de Freud et Piaget

Daniel Karlin, Tony Lainé
La Raison du plus fou
La Mort du père
Le Petit donneur d'offrandes

Alexis Léontiev
Le Développement du psychisme

Bernard Michaux et collectif
Philosophie — Penser par soi-même

Georges Politzer
Les Fondements de la psychologie
La Philosophie et les mythes

Lucien Sève
Marxisme et théorie de la personnalité

Achevé d'imprimer en août 1986
sur presse CAMERON
dans les ateliers de la SEPC
à Saint-Amand-Montrond (Cher)
pour le compte des Éditions Messidor
146, rue du Faubourg-Poissonnière, 75010 Paris

N° d'Édition : 2407. N° d'Impression : 1441.
Dépôt légal : août 1986.
18623LN1